日経文庫
NIKKEI BUNKO

コンサルタントが毎日見ている
経済データ30

小宮一慶

日本経済新聞出版

はじめに

「経済を読む力」はビジネスパーソンの基礎力

本書を手に取ったみなさんは、経済について少なからず関心のある方だと思います。急速に進む少子高齢化や拡大を続ける財政赤字など問題山積の日本が、将来どのようになってしまうのだろうと不安を感じている方もいるでしょう。日本経済の先行きが暗く、資産防衛をどのようにしていけばいいいか、悩んでいる方もいるかもしれません。あるいは、さまざまな課題が横たわっている日本だからこそ、ビジネスチャンスがあると考えている方もいると思います。

「経済を読む力」は、ビジネスで実績を上げていくうえで、もっと広い意味でいえば、この世の中を生き抜いていくうえで必須といっても過言ではないほど重要なスキルです。経済の仕組みや景気の読み方、先行きの予想の仕方が分かれば、皆さんのビジネスのみならず、生活、資産運用、ライフプランの設計に至るまで、大きな助けとなるはずです。

では、経済を読む力を身に付けるためには、どのように勉強すればいいのでしょうか。学生時代の教科書を引っぱり出して読み始める。経済ニュースを片っ端からチェックする。書店で専門書を探してみる――もちろん、どれも間違いではありませんが、私がおすすめしたいのは「経済指標（経済データ）の読み方」を理解することです。

経済指標とは、経済活動に関する統計です。例えば、国内総生産（GDP）、消費者物価指数（インフレ率）、現金給与総額、有効求人倍率、完全失業率、外貨準備高、あるいは短期金利、政策金利、マネタリーベース、日経平均株価――どの言葉も、新聞やニュースで幾度となく目にしたことがあるのではないでしょうか。

経済指標は、いわば経済に関する健康診断のようなものです。それぞれの指標の定義を簡単に知り、読み方をきちんと理解することで、経済の仕組みが分かるだけでなく、経済の現状や先行きを詳細に分析することができます。本書では大きく分けて約30の指標を取り上げています。

経済指標を継続的に見ていると、それらの数字を通じて日本や世界の経済状況が手に取るように見えてきます。さらには、新聞記事やネットやテレビのニュースも関連づけて見えるようになるので、より深く理解できるようになります。その過程で思考力も身に付いていくので、経済の先行きを予測する精度も高まってきます。

私はもう何十年もの間、経済に関する記事や経済指標を毎日チェックし、それぞれを関連づけて読む作業を続けてきました。今ではこれが自分の仕事に大変役に立っています。本職である経営コンサルタントとして、経済や会計の読み方にも強くなりました。数字と現象を見るという点では経済も会計も同じで、どちらも継続的な訓練でその能力は格段に高まります。

私は、経済も会計もほとんど独学ですが、経済指標をずっと追っていたおかげで経済分析をある程度専門的にできるようになり、大学の経済学部の客員教授も長く続けていますし、会計についても大学院の特任教授として4年間ほど学生たちに教える機会に恵まれました。

もちろん、経済や会計の専門性を高められるだけではありません。現状の分析と先行きの予測ができれば、自分が今どのように動けばいいかが分かりますし、ビジネスをするうえでも社内外に向けて良い提案ができるはずです。あるいは将来に向けて、今、自分がどのように動けばいいのかも冷静に考えることができます。

新聞の見出しとリード文を毎日チェック

そして、みなさんにはできるだけ「紙」の新聞も読んでいただきたいと思います。特に若い人たちの中には、「ネットの記事を読むだけでいい」「SNSで流れてくるニュースを見るだけで十分」と考えている人が少なくありません。

今では各新聞社が電子版を展開していますので、それを見るのももちろんよいのですが、紙の新聞は一覧性が優れています。紙面を広げれば、どのような記事がどこにどれだけの大きさで載っているかを瞬時に把握することができます。そして、紙面全体でどのような話題が扱われているかを把握することで、社会の関心の全体像を捉えることができるのです（もちろん、紙面をスマホなどのビューアーで見るのでも大丈夫です）。

また、ネット記事だけだと、自分の興味や関心のあるものしか読まなくなってしまいます。おそらく多くの人は、スマホでニュースの見出しをスクロールして、関心のないものは読み飛ばしてしまうのではないでしょうか。それは非常にもったいないことです。

紙の新聞ならば、見出し、リード文、本文が同じ面に載っているので、見出しとリード文をチェックするだけで大まかな内容を把握することができます。こうしてすべての面に目を通す習慣を身に付けると、ビジネスや人生ではとても大切な「関心」の幅を広げていくことができます。できればすべての記事を丹念に読めればベストですが、大きな記事の見出しとリード文をチェックするだけでも、積み重ねていけば大きな差になっていくのです。

経済指標から見える日本経済、世界経済

本書は、経済指標を読み解きながら、その背後にある本質や経済システムの特性を解説するものです。本書を読むことで、次のような力が身に付きます。

① 経済指標の定義を知る
② それぞれの経済指標を関連づける
③ 背後にある社会情勢や、日本のみならず米国、欧州、中国などの経済システムの本質や違いを理解する

これらを学びながら読み進めるにしたがって、日本経済や世界経済の全体像をつかめるようになります。

第1章では、経済指標の中でも特に重要な指標をピックアップし、定義を理解しながら、日本や米国における経済の大きな流れについて読み解きます。世界中の市場関係者が注目するGDPや雇用統計、貿易統計などを詳しく解説します。

第2章では、日本、米国、中国を中心に、経済の動向をより詳細に分析していきます。コロナ禍を経て、世界は急速なインフレに襲われました。なぜ、インフレが起こったのか。この状況はいつまで続くのか。各国の景気がどのように動いていくのか。日本と欧米との違いなど、詳しく解説します。

第3章では、個別業種に関する指標を読み解いていきます。旅行、百貨店、不動産、半導体、鉄鋼、自動車など、注目すべき業種をピックアップしました。

第4章は、金融の指標の解説です。2013年4月に日本銀行の黒田東彦総裁（当時）が打ち出した「異次元緩和」は、日本経済にどのような影響をもたらしたのか。金融正常化に向けてようやく舵《かじ》を切った植田和男・日銀総裁は、今後、どのような金融政策を打ち出していくのか。岸田文雄首相は「貯蓄から投資へ」のスローガンを掲げ、国民の資産所得倍増を目指して投資を推進していますが、その先にはどのような未来が待っているのか。一つひとつ解説していきます。

第5章では、投資に役立つ指標の見方を解説します。みなさんが稼いだ大事なお金をどのように守り、どのように増やしていけばいいのか、指標の解説とともに私なりの投資のポイントを述べていきます。「株式投資には興味があるけれど、どの銘柄を選べばいいのだろう」「株式はどのタイミングで買い、そして売ればいいのだろう」と悩んでいる方は特に参考にしてください。

巻末では、本書に掲載している主な経済指標を一覧でまとめました。各データを取得しやすいサイトも紹介していますので、参考にしてください。

それでは、経済指標の解説をスタートします。難しいことはありません。ゆっくり読み進めていけば、どなたでもきちんと理解し、経済の基礎力を身に付けることができます。

本書の原稿作成にあたっては、森脇早絵さん、日経BPの小谷雅俊さん、当社の小宮弘成君にご協力いただきました。深く感謝申し上げます。

2024年8月

著　者

コンサルタントが毎日見ている経済データ30　目次

第1章　経済の本質が見える　17

1　「失業率」から見える日米欧の雇用慣行の違い　18

「完全雇用」でもゼロにならない失業率　18
世界が注目する「非農業部門雇用者数」　21
米国と日本・欧州の動きが異なる理由　23

2　なぜ「GDP」が一番重要なのか　27

GDPは給与の源泉　27
名目GDPと実質GDPの違い　29
GDPの50%超を支える家計の支出　33
伸び悩む日本と欧州、順調に拡大する米国　37
ドル換算で見る成長から取り残された日本　40

3　為替相場が変動する要因　43
為替が動く3つの理由　43　なぜ円安が進んだのか　46
「有事の円買い」が起きても円高は進まず　49
4　「貿易収支」と「経常収支」の構造変化　52
「国際収支」の構造　52　経済成長が鈍化しても株価が上がる理由　56
5　「GDP」の限界と「GNI」の有効性　61

第2章　景気の先行きを読む　65

1　「日銀短観」から分かる景気の方向性　66
海外からも注目される重要な調査　66　コロナ禍とインバウンドの影響　67
2　「景気動向指数」から先行きを予測する　72
3　「景気ウォッチャー調査」で地域ごとの景気を把握　74

4 製造業の動きが分かる「鉱工業指数」 76
5 インフレ率は経済の体温計――「消費者物価指数」 80
なぜ30年ぶりに物価が上がり始めたのか 80 「良いインフレ」と「悪いインフレ」 82
日本はデフレから脱したのか 84
トランプ大統領を見誤らせたコロナ禍時のインフレ率 90
FRBも見誤ったインフレ率 94 価格転嫁しやすい米国、価格転嫁が進まない日本 97
6 米国の「貯蓄率」に見える〝消費は美徳〟の価値観 99
貯蓄せずにお金を使う米国人 99 貯蓄が大好きな日本人？ 103
個人消費が旺盛な米国、低調な日本 105
「現金給与総額」が伸びても「消費支出」が伸びない理由 107
7 インフレ率で分かる中国経済の異常 111
不動産不況でインフレ率が下がっている 111 隠れている巨額の融資 115
中国の不動産バブル崩壊で何が起こるのか 117

第3章　個別業種から見る経済の流れ　121

1　旅行業界のコロナ禍からの回復――「旅行取扱状況」　122
壊滅に近かった旅行業界　122
中国からの訪日客の動向に注意　126
2　円安で急回復する百貨店――「全国百貨店売上高」　128
ぜいたく品の売れ行きが分かる　128
百貨店は地域経済の活力のバロメーター　133
3　「マンション契約率」「新設住宅着工戸数」で不動産市況を読む　135
一概には景気の良し悪しが判断できない　135
金利上昇の影響がどのように出るか　138
4　半導体サイクルを読み解く「生産指数 集積回路」　140
5　鉄鋼業は今も国内経済を支える――「粗鋼生産高」　144
6　米国の指標で注目される「ケース・シラー住宅価格指数」　147
コロナ禍でなぜ住宅価格が上昇したか　147
高金利でも住宅価格が高騰する要因　151
7　世界景気を占う米国の「自動車販売台数」　153

第4章 お金の動きを見る金融の指標

1 異常だった異次元緩和と「マネタリーベース」 158
過去に例のない異次元緩和の中身とは 158
日本政府が異次元緩和の後にすべきだったこと 162
2 マイナス金利の解除――「政策金利」から見える日本経済 166
政策金利とはどういうものか 166　なぜマイナス金利政策をやめたのか 168
政策金利はどこまで引き上げられるのか 171
3 長期・短期の金利操作で景気を刺激――「イールドカーブ」 175
長期と短期の金利を操作して景気を刺激 175
米国は短期が長期の金利を上回る状態 179
4 金融は私たちの家計にどう影響しているか 180
34兆円損をした日本の家計 180　「貯蓄から投資へ」の問題点 182
利上げを過度に恐れる必要はない 185

第5章　株式投資に役立つ指標　189

1　「NYダウ」と「日経平均株価」、どちらが有利か　191
2　株式投資で個人がプロに勝てるもの　193
3　「PER」「PBR」から株価が割安かどうかを判断　196
PERは各銘柄のクセに注意　196　PBRは1倍が目安の1つ　198
4　業績の推移と安全性を見る
――「当期純利益」「利益剰余金」「自己資本比率」　199
企業の数字で押さえておくべきポイント　199　安全性を見る指標　204
5　株主還元をしっかりしているか――「配当性向」「配当利回り」　206
利益を配当に回している比率　206　株価に対してどれだけ配当が得られたか　209
6　株主はなぜ「ROE」を重視するのか　210
株主が預けたお金が効率よく使われているか　210　ROEだけで判断するのは危険　212
7　株式の買い時は日経新聞「市場体温計」を見たくないとき　215

みなが株式に見向きもしないときを狙う 215
市場全体の「売買代金」も毎日チェック 217
8 「守るお金」と「攻めるお金」を分ける 220
9 将来性のある銘柄、8つの条件 222
おわりに 経済は「常識」で考える 229
主な経済指標一覧 237

第1章

経済の本質が見える

第1章では、景気指標の中でも特に重要な数字、日本や世界の経済の動きを捉えるための数字をピックアップして、指標の定義から読み方まで詳しく解説します。指標を深く読み解くことで、景気の動向を正しくつかめるようになるだけではなく、その国の慣習や経済システムの特性、経済の本質なども見えてきます。

1　「失業率」から見える日米欧の雇用慣行の違い

「完全雇用」でもゼロにならない失業率

世界中の投資家やエコノミストのほか、あらゆる分野のビジネスパーソンがもっとも注目している指標の1つに**米国の雇用統計**があります。雇用統計とは、失業している人数や就業している人数などを調べてまとめたもの。新型コロナウイルス禍におけるこの指標の変遷から、米国内の景況感のみならず雇用慣習まで読み解くことができます。当時の米国企業の動きが如実に表れていますので、経済が危機的状況に陥ったときにどのようなことが起こるのか、数字を追いながら見ていきましょう。

米国の雇用統計は、米国労働省が毎月第1金曜日の午前8時30分（米国東海岸時間）に発表します。日本時間では金曜日の午後9時30分（米国が冬時間なら午後10時30分）です。雇用統計は米国景気をつぶさに反映する指標ですから、発表される数字によって、外国為替、株式、債券などの市場価格が大きく動く場合が多々あります。日本国内の市場関係者の中には、会社に遅くまで残ってモニター画面に釘付けになっている人も少なくありません。

米国の雇用統計には主要な指標が2つあり、1つは**失業率**です。失業率は、働く意思のある人の中で実際に働いていない人の割合を表すものです。失業者数を労働力人口（失業者数＋就業者数）で割って算出したものです。

具体的には、16歳以上で働く意思のある人を対象に、その時点で就業中か失業中か、失業中なら就業可能かどうか、過去4週間以内に求職活動を行ったかどうかを労働省が調べて失業者数を決定します。

一般的に景気が良くなると失業者は減り、失業率も下がります。なお、失業者には転職待ちの人たちも含まれますから、米国では3％台ぐらいでほぼ完全雇用（働く意思と能力を持ち、就職を希望する人たち全員が仕事を持っている状態）だといわれています。

図表 1-1　米国の失業率、非農業部門雇用増減数の推移

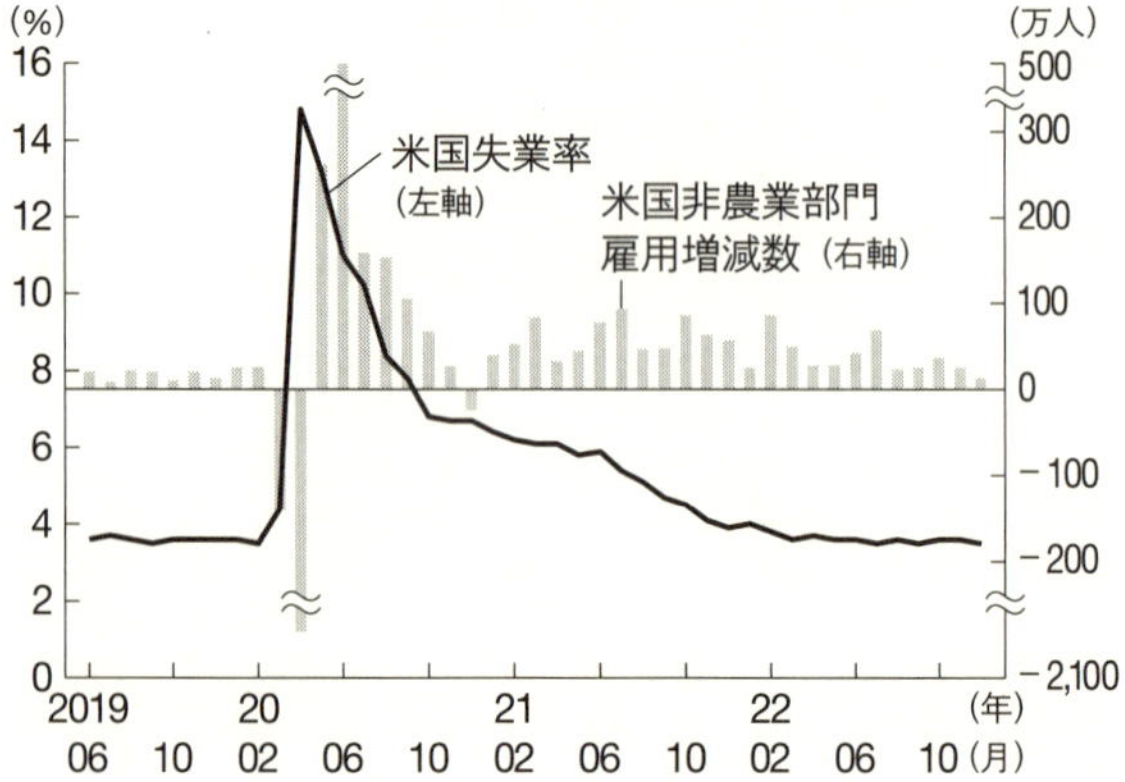

［出所］　米労働省

ちなみに日本の場合は、米国よりも雇用の流動性が低いことから2％台でほぼ完全雇用と見られています。

米国内で新型コロナウイルスの感染が拡大し始めた2020年の前半、失業率は大きく動きました。当時のトランプ大統領が国家非常事態を宣言したのは同年3月13日。みなさんもご存じのように、その後、世界中の経済活動が一時的に停止しました。

失業率の推移を見ると、2020年1月は3・6％、2月は3・5％でほぼ完全雇用だったといえます。このとき、トランプ大統領はコロナを「中国ウイルス」と連呼し、状況を甘く見ていました。失業率が上がらなかったから、それほど経済に影響はないと考えていたのです。

ところが、その直後に状況が一変します。3月は4・4％、4月はなんと14・8％と、一気に10ポイント以上も上昇したのです。さらには5月も13・2％、6月は11・0％と高水準が続きました。米国では、働く意思のある人の10人に1人が一気に職を失うという異常事態に陥ったのです（この数字を後で説明する当時の日本の失業率と比べると、日米の雇用構造の大きな違いが分かります）。

世界が注目する「非農業部門雇用者数」

ここで、雇用統計のもう1つの重要な指標である**非農業部門雇用者数**の増減数にも触れておきます。こちらも失業率と同じく、世界中が注目している経済指標です。農業を除いた30万社以上の企業や事務所を対象に、給与支払い帳簿をもとに雇用者が前月よりどのぐらい増減したかを調査してまとめた数字です。一般的にこの指標は、月に20万人ほど増えていれば雇用は安定し、景気も順調に拡大していると判断します。

また、非農業部門雇用者数の増減数は事前の予想と発表された数字との間に大きな乖離があると、外国為替や株式などのマーケットが大きく変動することがあります。

例えば予測より大きな数字が発表されると、「思っていたより景気が拡大しているから、米国の中央銀行であるFRB（連邦準備制度理事会）は、インフレを懸念して政策金利を上げる（あるいは下げない）のではないか」との見方が強くなる傾向があり、円／ドル相場が大きく動く場合も少なくありません（金融の指標に関しては第4章で詳しく解説しますので、ここでは頭の中に入れておくだけでかまいません）。

では、先ほどと同じようにコロナ禍の非農業部門雇用者数の増減数を見ていきます。2020年1月は前月比25万3000人増、2月は26万4000人増となっており、先に見た失業率同様この段階での雇用は安定していました。ところが3月に入ると141万1000人減、4月はなんと2047万7000人減と大幅に減少。私はこの数字を最初に見たとき、ケタが間違っているのではないかと思ったほど驚きました。

ところがその後、大きな変化が見られました。失業率は2020年4月にピークを迎えてから下がり始め、同年末の12月には6・7%。2021年12月には3・9%まで下がりました。非農業部門雇用者数の増減数も2020年5月は261万9000人増、6月は461

万５０００人増と戻り始め、その後も安定的に増加していきました。つまり、米国の雇用はコロナ禍の到来によって急速に落ち込みましたが、その後は速いスピードで回復していったのです。

米国と日本・欧州の動きが異なる理由

一方で、日本の雇用はどのように動いていたのでしょうか。米国と比べるととても興味深いことが分かります。一部の都道府県で最初の緊急事態宣言が発令されたのは２０２０年４月7日。この前後の**完全失業率**を見てみます。完全失業率は総務省が発表する指標で、労働力人口（満15歳以上で働く意思を持つ人）に占める完全失業者（仕事に就いていない、仕事があればすぐに就くことができる、仕事を探す活動をしていたという3つの条件を満たす人）の割合です。

この指標は、調査員がランダムに選んだ約4万世帯のうち、満15歳以上の約10万人を対象に就業状況を調べて算出されます。ただ、この調査方法にはバイアスがかかりやすいという指摘があります。景気が悪化して求人が激減すると、「どうせ就職できないだろう」とあきら

図表 1-2　日本、欧州の完全失業率の推移

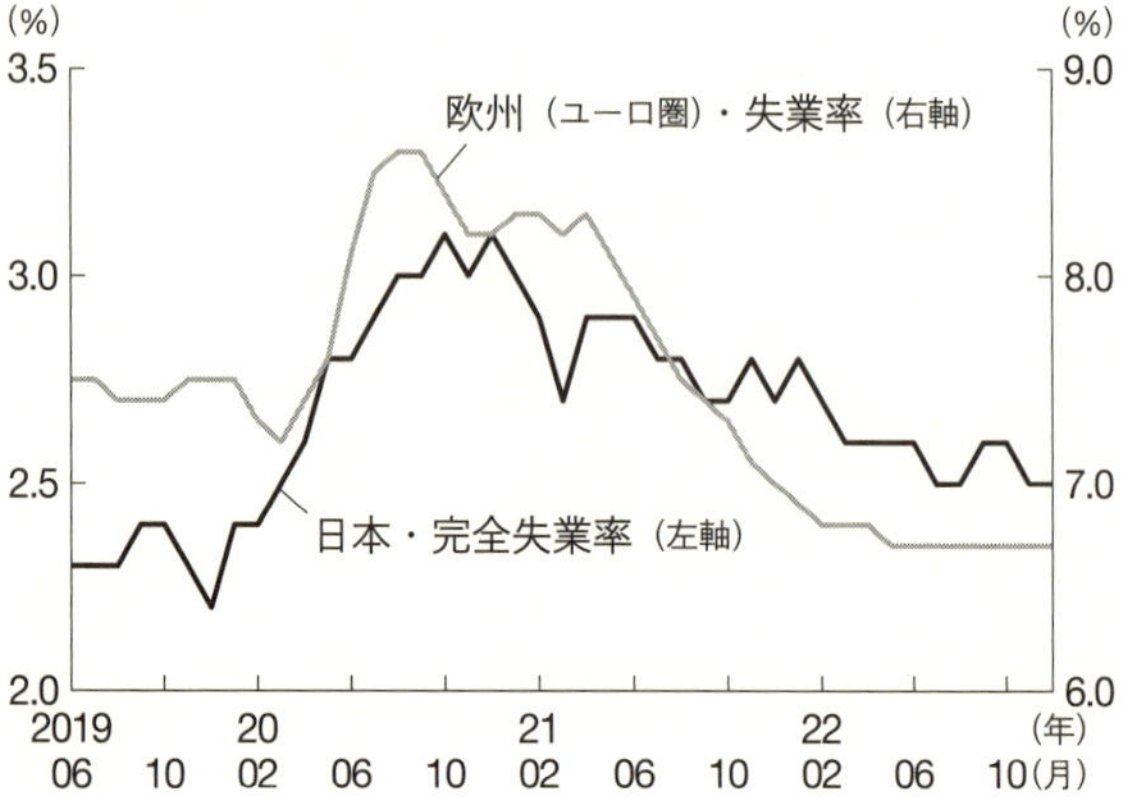

［出所］　総務省、ユーロスタット

めてしまう人もいるからです。すると、本当は働きたいけれどあきらめた人は「働く意思がない」と答えて完全失業者から外れてしまい、完全失業率が低めに出てしまう可能性があるのです。

さて２０２０年１月の完全失業率は２・４％、２月は２・４％、３月は２・５％と、ここまではさほど変化はありません。続いて緊急事態宣言が出た４月は２・６％、５月は２・８％、６月は２・８％とじわじわと上昇。ピークは10月で３・１％まで上がりました。米国に比べ上昇し始めるのが遅いうえ、１カ月で10ポイント増加した米国に対し上昇幅もとても小さくなっていますね。さらに先を見ると緩やかに下降し、ウィズコロナ政策が進み始めた2022年には2・5〜2・6%で安定しています。

欧州（ユーロ圏）の失業率も日本と同じような動きをしています。欧州は総じて高めに推移していることに注意しながら見ると、2020年1月は7・5%、2月は7・3%、3月は7・2%です。その後じわじわと上がり始め、6月は8・1%、7月は8・5%、8月は8・6%。ここから2021年5月まで8%台が続き、その後、緩やかに下降して2022年初には6%台に戻りました。

つまり、日本や欧州は、米国ほど急激な動き方をしていないということに注意が必要です。逆にいえば、米国の雇用統計は極端に動くのです。これはなぜでしょうか。

理由は、雇用慣行の違いです。米国企業は日本企業と違って、業績が悪化するとすぐにレイオフ（一時帰休）を実施して人員を減らし、会社の規模を小さくして経営の自由度を確保しようとするのです。このように景気が動くと早い段階で雇用者数が増えたり減ったりするので、この数字の増減がそのまま景気の良し悪しを反映すると考えられています。

ただ、コロナ禍で米国企業が迅速に動いた背景には、もう1つの要因がありました。それはトランプ大統領（当時）の経済対策です。米国では失業すると給与の6〜7割程度の失業保険が支給されるのですが、このときは従来の支払い額に加えて毎週600ドルが加算されました。これによって就業時よりも収入が増える失業者も少なくなく、当面は生活に困ることがなくなったのです。企業もレイオフをして規模を小さくすることで、経営の自由度を得ることができました。

2020年は11月に大統領選挙を控えていましたから、トランプ大統領は国民からの支持を集めるためにも、コロナ対策で大盤振る舞いをしたのではないかとの見方もできます。いずれにしても、米国の政府や産業界の動きは非常に速かったといえるでしょう。

一方、日本やEU（欧州連合）の企業は簡単に解雇ができません。そこで、コロナ禍でどのような政策が取られたのかというと、企業への支援です。日本では企業が雇用を維持できるようにするために、政府が雇用調整助成金を出したり、売り上げが大幅に落ち込んだ事業者には持続化給付金を出したりしました。EUでは企業に対して減税や財政支援策を実施しました。

つまり、米国では企業ではなく失業者を直接支援することで経済を維持し、日本や欧州では企業や事業者を支援して、失業する可能性のある人を企業内にとどめることで、失業者の数を抑えて経済を維持したのです。その結果、米国の雇用統計は大きく動きやすい一方、日本や欧州では動きが緩やかになります。どちらがいいか悪いかという話ではなく、各国の雇用慣行の違いが顕著に出た事例だといえるでしょう。

このように、指標には景気の動向のみならず、各国の考え方までもが表れるのです。

2　なぜ「GDP」が一番重要なのか

GDPは給与の源泉

経済の動きを読むうえでもっとも重要な指標は何でしょうか。ピンときた方も多いかもしれませんが、答えは**国内総生産（GDP）**です。

では、なぜ国内総生産が一番重要なのでしょうか。経済指標を見るときは、ただ数字の動きをながめるだけではなく、根本的なところから考えなければ本質をつかむことはできません。

国内総生産（GDP、Gross Domestic Product）の定義は、「ある地域で、ある一定期間

（1年間）に生み出された付加価値の合計」です。企業は原材料を仕入れて、商品やサービスを売り、売り上げを計上します。こうした企業活動の中で、売り上げた金額から仕入れたものの金額を差し引いたものが付加価値になります。そして、日本国内すべての企業や政府、個人などが生み出した付加価値の合計金額がGDPになるのです。

また、GDPは、「国内で最終的に作り出された財（モノ）とサービスの合計」と定義することもできます。付加価値を合計すると、最終的に作り出されたものと一致します。この「作り出された」というところがポイントで、輸入品は除きます。ときどきGDPを全企業の売り上げ（売上高）の合計だと思っている人がいますが、それは間違いです。単純に企業の売上高を合計していくと、付加価値の部分が重複して足し合わされてしまいますので、正しい数字にならないからです。

話を戻します。では、なぜGDPが一番重要なのでしょうか。その理由はシンプルで、作り出したGDPのうち、50％強が人件費として払い出されているからです。つまり、**「GDPは私たちの給与の源泉」**であるといえるでしょう。GDPが増えれば給与の総額も増える可能性が高まります。反対にGDPが減少すれば、給与の総額が減ってしまう可能性が高いのです。

もう少し掘り下げると、マクロ経済でも企業経営でも、付加価値（マクロ経済でいえばGDP）に占める人件費の割合を**労働分配率**といいます。日本の人口は今のところ減少傾向ですが、GDPの増減はそのまま国民1人当たりの給与の増減に関係するといっていいでしょう。言い換えれば、GDPが増えなければ日本人1人当たりの給与も増えにくいのです。だからこそ、GDPの伸び率、つまり経済成長率が何％上がったか、あるいは下がったかが非常に大切になるのです。

名目GDPと実質GDPの違い

GDPの定義と重要性を理解したところで、実際に数字を見ていきましょう。GDPには**名目GDP**と**実質GDP**があります。名目は実際の金額（実額）を意味します。実質は実際の金額から物価変動による影響を取り除いたものです。内閣府が実質GDPを発表するときには「○○暦年連鎖価格」と記載してありますが（現在は2015暦年）、これは○○年の貨幣価値で比較していることを意味します。

図表1-3　日本の国内総生産と経済成長率の推移

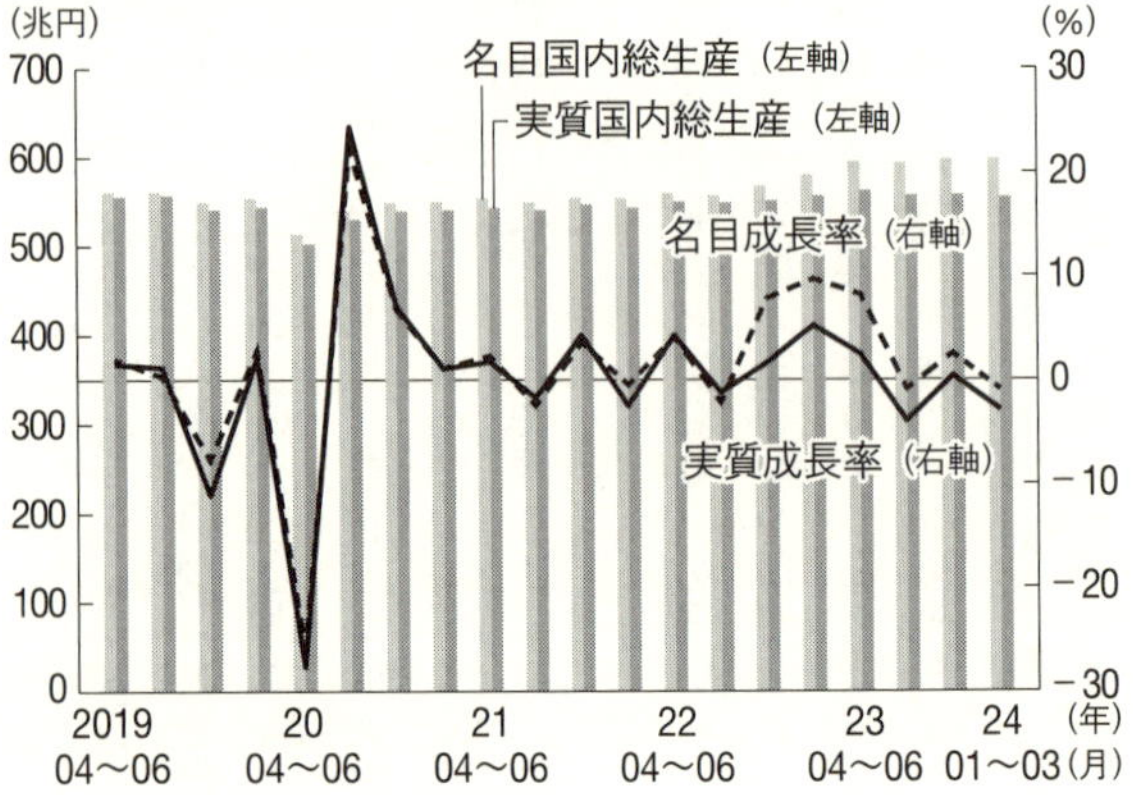

［出所］　内閣府

２０２２年度の数字を例に取ると、名目ＧＤＰは５６８兆６０００億円、実質ＧＤＰは５５３兆７０００億円でした。名目に比べて実質が２・６％少ないということは、２０１５年からの７年間で２・６％分のＧＤＰベースでのインフレが起こったといえます。もし、逆に名目よりも実質の金額のほうが大きければ、デフレが起こったということになります。

ＧＤＰの推移を見ていきましょう。コロナ禍では世界中の経済活動が停滞しましたが、日本ではどれほどの影響があったのでしょうか。そしてアフターコロナの今、どれだけ回復しているのでしょうか。

コロナ禍直前である２０１９年の実質ＧＤＰ

を見ると、4～6月期は1・6%増の556兆5000億円、7～9月期は0・6%増の557兆4000億円。ここまでは緩やかに拡大していました。ところが、10～12月期は10・8%減の541兆7000億円と大幅に落ち込んだのです。この大きな要因は、個人消費と企業の設備投資の落ち込みです。世界経済の減速に加え、2019年10月1日に消費税率が8%から10%へ引き上げられたことが大きく影響しました。

新型コロナウイルスが世界で猛威を振るい始めた2020年1～3月期は2・2%増の544兆7000億円。ここまではまだ微増でした。そして、日本で最初の緊急事態宣言が発令された4～6月期は27・5%減の502兆7000億円と、前代未聞の落ち込みを見せたのです。ただ、その次の7～9月期は23・6%増の530兆円まで戻しています。

ここで注意していただきたいのは、四半期ベースのGDPは「前期比年率」で表される点です。その四半期のGDPは前四半期の数字と比較され、さらに年率換算し、季節要因の調整をして算出されます。年率換算とは四半期の成長率が1年間続く場合、年間では成長率が何%になるかを計算することです。

つまりGDPは前四半期との比較になりますから、前四半期の数字が悪いと、次の四半期は相対的にいい数字が出やすいのです。２０２０年７～９月期は23・６％も伸びましたが、前四半期である４～６月期が27・５％減と大幅に落ち込んだために上昇しやすかったといえます。

話を戻しましょう。その後はどのように推移していったのでしょうか。政府の経済対策のもたつきはあったものの、ある程度順調にコロナ禍前の水準に回復しました。新型コロナウイルスの感染症法上の分類が２類から５類に引き下げられたのは２０２３年５月８日ですから、このあたりからの動きを見ていきましょう。

２０２３年１～３月期は５・２％増の５５９兆６０００億円。すでにコロナ禍前の水準を超えていますね。４～６月期は２・４％増の５６３兆円、７～９月期は４・０％減の５５７兆２０００億円、10～12月期は０・３％増の５５７兆６０００億円。コロナ禍前の水準までは回復したものの、上がったり下がったりの状態が続いています。

今後どう動いていくかは、もう少し様子を見る必要があります。注意してほしいのは、景気後退に突入するかどうかです。２四半期連続で実質ＧＤＰのマイナス成長が続くと景気後退と機械的に判断することも少なくありませんが、正式には、内閣府の景気動向指数研究会が、GDPのほか景気動向指数や日銀短観（第2章参照）の動向も見ながら議論して、総合的に判定するのです。それらの点を考えると、いずれにしても2023年の日本経済は伸び悩んではいるものの、まだ景気後退とはいえない状況です。

2024年の最新の数字も見ておきます。2024年4～6月期の実質GDP成長率は前期比年率で2・9％増と、2四半期ぶりのプラス成長となりました。1～3月期の1月に発生した能登半島地震のほか、豊田自動織機やダイハツ工業の不正問題によって一部のメーカーで自動車の生産が停止し、設備投資や輸出が減少したことや下請け企業にも影響が出たことを乗り超えました。自動車の生産が回復すれば、消費や設備投資、輸出を押し上げ、次の四半期のGDPもプラスになるだろうとの予測がありますが、次項で説明する消費を含めた国内景気が強いわけではないので、引き続き注意して見極める必要があるでしょう。

GDPの50％超を支える家計の支出

もう少しGDPについて深掘りします。この指標を押さえておくと経済が驚くほど分かるようになりますので、しっかり理解してください。

復習になりますが、GDPの定義は何でしょうか。そう、「一定期間に日本国内で作り出された付加価値の合計（＝最終的に作り出された財とサービスの合計）」でしたね。これは生産する側から見たGDPです。別の視点から見ると、これを分配し、さらに分配されたお金で財やサービスを買う側が存在します。つまり、財やサービスを買うことによってGDPが支えられていると言い換えることもできます。

この〝買う側〟の視点に立つと、GDPを支える要素は大きく分けて3つあります。1つめは、**民間の消費と投資（民需）**。2つめは、**政府の消費と投資（政府支出）**。3つめは外需、つまり**輸出と輸入の差（貿易収支）**です。

これを次の式で表します。

GDP＝民需＋政府支出＋（輸出－輸入）

輸入がカッコ内でマイナスになっているので、直感的に分かりにくい人もいるかもしれません。その場合は、「輸入」を左の式のように移項して、

GDP＋輸入＝民需＋政府支出＋輸出

と書き換えるとしっくりくるのではないでしょうか。つまり、GDPに輸入を足した金額が、日本国内で売られているものすべてを表している。それらを民需と政府支出と輸出（外需）が買っているということです。

さて、GDPを支える民需、政府支出、貿易収支のうち、一番ウエイトが大きい要素は何でしょうか。それは民需です。中でも重要なのは**家計の支出**で、GDPの50％強（2020年時点）を支えているのです。

家計の支出の動向を表しているのが、**消費支出2人以上世帯**です。この指標は、全国の約8000世帯（単身世帯を除く2人以上の世帯）をランダムに選んで、毎月、どのくらいのモノやサービスを購入したかの金額を調査し、1世帯当たりの支出金額を計算したものです。総務省は単身世帯の調査も同時に行いますが、この指標には加味されていません。

政府支出を見る場合は少し複雑です。公共財への支出（公共工事など）のほか、公共サー

図表 1-4　消費支出 2 人以上世帯の増減率の推移

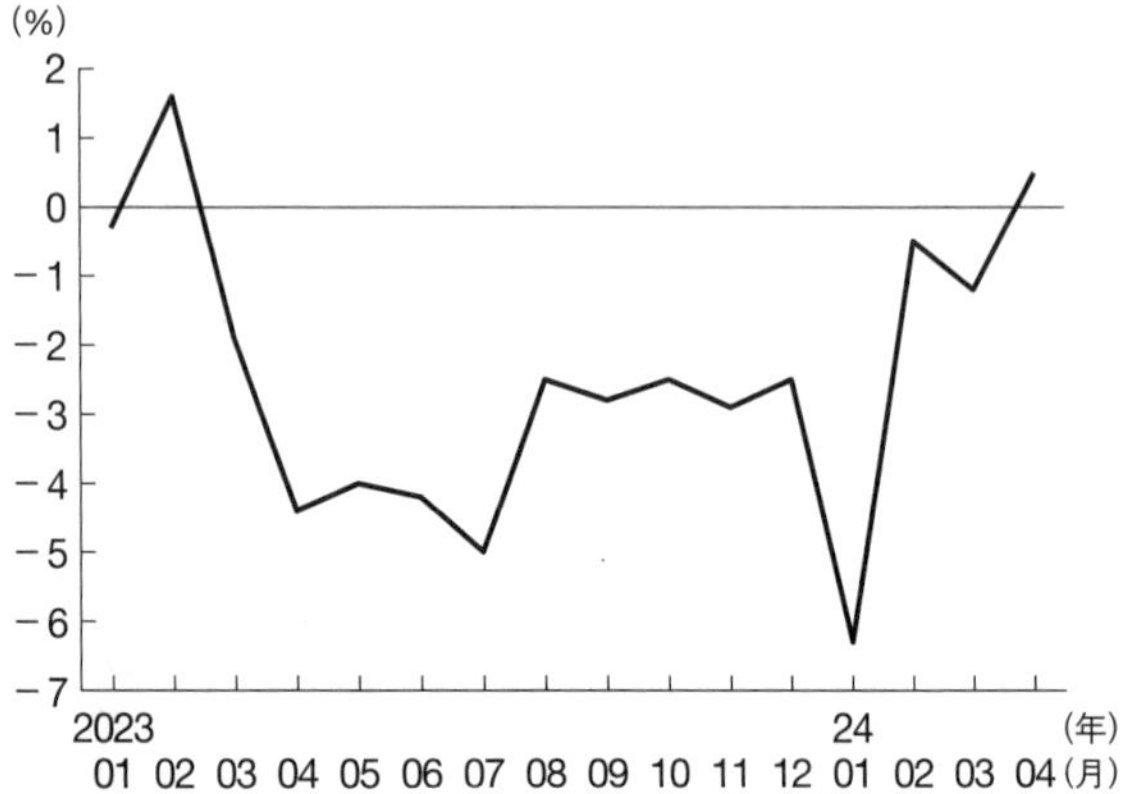

［出所］　総務省

ビス、防衛などにかかる費用も含まれますので、1つの指標から判断することはできません。大まかにGDPの20％強と考えておいてください。貿易収支については後ほど詳しく解説します。ここでは、GDPを支える50％強は家計の支出であることを頭に入れておいてくださいね。

2023年の消費支出2人以上世帯の推移を見てみましょう。この数字は前年同月比の数字であることに注意してください。2月は1・6％増ですが、それ以外はすべてマイナスとなっていますね。物価高により、消費が食料品を中心に減少したのです。さらには暖冬による暖房需要の減少なども重なりました。このように

GDPの半分以上を占める家計の支出が減り続けているわけですから、日本の経済成長が伸び悩んでいるのもうなずけます。

伸び悩む日本と欧州、順調に拡大する米国

GDPについて理解を深めたところで、もう一度、世界経済に目を向けてみます。日本の経済成長率は2023年以降上がったり下がったりの状態が続いていますが、米国や欧州ではどのような状況になっているのでしょうか。

日本、米国、欧州（ユーロ圏）のGDP成長率（実質）を比較すると、プラスを維持しているのは米国です。日本は2023年1〜3月期は5・2％増、4〜6月期は2・4％増と成長を見せていましたが、7〜9月期は4・0％減、10〜12月期は0・3％増と年後半は低迷しました。欧州はウクライナ戦争の影響が大きく、ほぼ横ばい。一方で米国は2022年7〜9月期から2024年4〜6月期まで8四半期連続でプラス成長です。復習になりますが、これは前四半期比の数字ですので、プラスの数字が続くということは8四半期連続で経済が拡大し続けていることを意味します。

図表 1-5　日米欧の GDP 成長率（実質）の推移

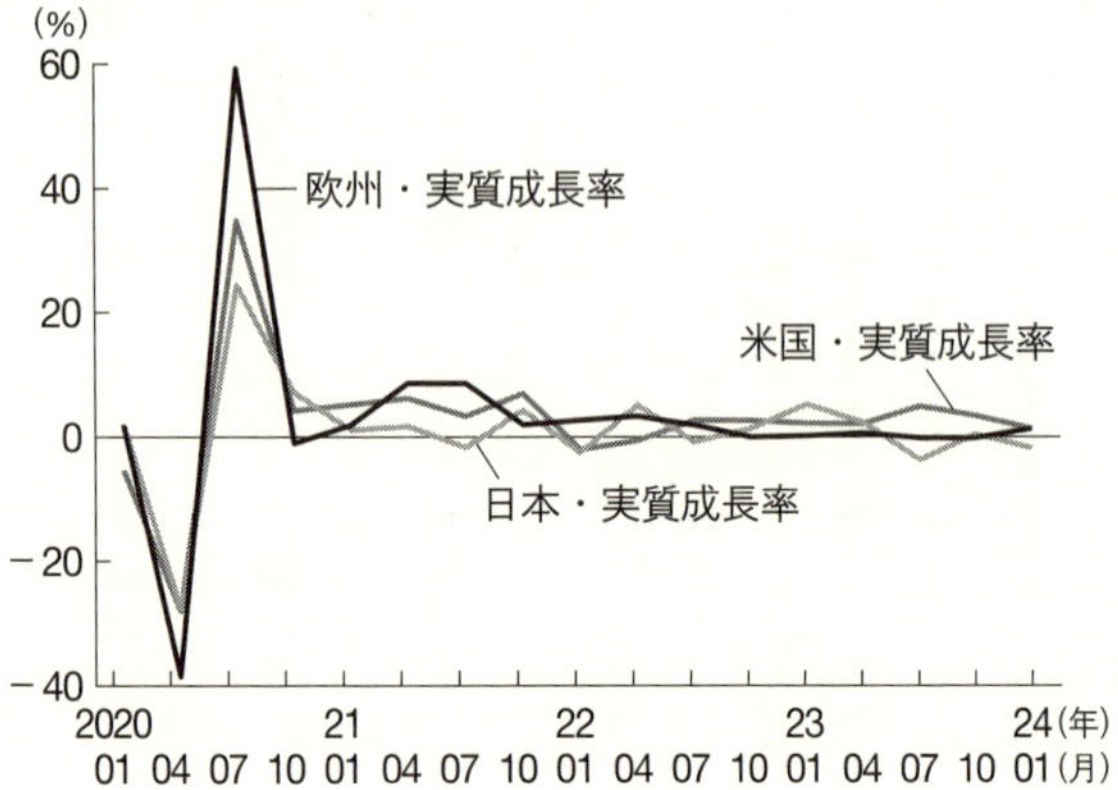

［出所］ 米商務省、ユーロスタット、内閣府

先ほども触れましたが、米国は雇用も順調に伸びています。失業率は3％台が続いていましたし、非農業部門雇用者数の増減数も、好調かどうかの判断基準である20万人をほぼ超えています。総じて考えると、米国は好景気が続いているといえるでしょう。

ここで着目したいのは、2024年11月に控えている米大統領選挙です。民主党で現副大統領のハリス氏が勝つか、それとも共和党で前大統領のトランプ氏が勝つか。誰が勝利するかによって、米国のみならず世界の政治や経済に大きく影響しますので、この選挙は世界中の大きな注目を集めています。

では、どちらが勝つ可能性が高いのでしょうか。実は、ここに経済が大きくかかわっているのです。

私の米国人の友人は、「大統領選挙で誰を選ぶかは、選挙当日の自分の懐具合を見て決める」と話していました。共和党や民主党の熱烈な支持者であれば、どんな状況でもその党の候補者を選ぶでしょうが、どの党も強く支持していない層は、私の友人のように考える人も少なくありません。

実際、2016年の大統領選挙では、もともと民主党の支持基盤だったオハイオ州など中西部の労働者たちの多くがトランプ氏を支持しました。工業地帯が疲弊し、貧富の差が広がる中で、「プアホワイト（白人低所得者層）」と呼ばれる人たちがトランプ氏を支持したのです。このように次の大統領選挙でも、中期的な経済のトレンドとともに10月、11月ごろの景気によって選挙結果が大きく左右されるのではないかと思います。

その点を考えると、現時点では米国景気は好調です。もちろん選挙は結果が出てみないと分かりませんが、このような見方もできることを頭に入れておくと、経済とニュースを関連づけて考えることができます。

ドル換算で見る成長から取り残された日本

もう一度、日本の名目GDPに注目してください。2024年4〜6月期の年換算は607兆9000億円（速報値）。コロナ禍前である2019年度は556兆8000億円ですから、日本経済はすでにコロナ禍前の水準を上回っています。先にも触れたように、この数字は皆さんの給与の源ですから、喜ばしいことだと捉える人もいるでしょう。

しかし、ここには落とし穴があります。この間の**円／ドル相場**の推移は、2017年3月は1ドル＝111・80円。2020年3月には108・42円まで日本円が高くなりました。しかし2022年あたりから急速に円安が進み、1月に115・43円だったのが、10月には148・01円まで急落したのです。その後も変動はあるものの、2023年11月は147・06円、2024年2月は149・68円という水準が続いています。

ここで、名目GDPをドルに換算するとどのぐらいの価値になるかを考えてみましょう。2017年3月の円／ドル相場は1ドル＝111・80円ですから、名目GDPは約5兆ドルになります。そして2024年1〜3月期は1ドル＝149円前後で推移していますから、名目GDPは4兆ドル程度になるのです。つまり、コロナ禍前から直近までの間に円ベース

図表 1-6　円／ドル相場の推移（2017 年以降）

［注］　各月月末値
［出所］　日本銀行

での名目GDP自体は伸びたものの、ドル換算すると2割ほど落ちていることが分かります。

日本は2023年の1年間の名目GDPがドル換算で4兆2106億ドルと発表され、4兆4561億ドルだったドイツに抜かれて世界第4位に転落しました。先にも触れましたが、欧州の景気は低迷しています。ドイツも絶不調とまではいいませんが、不景気であることには間違いありません。そんな状況であるにもかかわらず、日本はドイツに抜かれてしまったのです。

1968年、日本は西ドイツを抜いて、米国に次ぐ世界第2位の経済大国となりました。ところが、2023年には抜き返されてしまった。これはドイツ経済が成長したというより、日本経済が成長から取り残されたからだといえるでしょう。非常に悲しい現実ですが、私たちはこの点を認識しておかなければなりません。

では、なぜ日本の稼ぎである名目GDPを見るときにドル換算することが大切なのでしょうか。ヒントは輸入です。

日本は、輸入額の上位3位が原油、液化天然ガス（LNG）、石炭となっており、エネルギー資源が占めています。これらは全輸入額の約25%に当たります（2022年時点）。

エネルギー資源を輸入するときは、ほとんどすべてがドル建てで決済されます。このとき、日本が稼いだ金額（=名目GDP）の価値が5兆ドルから4兆ドルに落ちると、ドルによる購買力が低下してしまうのです。特に、日本はエネルギー資源の海外依存度が高い国ですから、名目GDPはドル換算で見る必要があります。こういったかなり厄介なことが、ハワイに旅行する日本人観光客だけでなく、日本全体で起こっているのです。

2010年に日本の名目GDPは中国に抜かれて世界第3位となりました。当時の円/ドル相場は、1ドル=80~90円台前半を推移していました。2008年にリーマン・ショック、２００９年にギリシャ危機が起こったため、避難通貨として円が買われて円高が進んでいたのです。そういった状況で、２０１０年の中国の名目ＧＤＰはドル換算で5兆８８９５億ドル、日本は5兆４７７8億ドルとなり、日本は中国より約４０００億ドル下回りました。円高が進んでいたにもかかわらず、日本は中国に抜かれてしまったのです。

さらには、その差は大きく開き続けています。中国の２０２3年の名目ＧＤＰは約17兆７０００億ドル。日本は約4兆２０００億ドルですから、日本は中国の4分の1以下まで落ちてしまいました。

3　為替相場が変動する要因

為替が動く3つの理由

ここで円／ドル相場についても詳しく説明しておきます。２０２2年あたりから、ここまで円安が進んでしまったのはなぜでしょうか。

その理由に迫る前に、改めて為替相場の基本について解説しておきます。為替相場とは、外国為替市場で異なる通貨が売買される際の交換比率です。これは、誰かが一方的に決めるのではなく、市場における需要と供給のバランスによって決まります（この仕組みを「変動相場制」といいます）。モノやサービスの価格が決まるのと同じ理屈です。欲しい人が多ければ価格は上がり（＝通貨高）、売りたい人が多ければ価格は下がり（＝通貨安）ます。

では、為替はどんなときに動くのでしょうか。変動する要因をいくつか挙げておきます。まず基本的には1つめは金利差です。一般的には、金利が高い国の通貨は買われ（通貨高）、金利が低い国の通貨は売られる（通貨安）傾向があります（金利については第4章で詳しく説明します）。低金利の通貨を売って、高金利の通貨を買うことで、より多くの収益を得たいと考える人が増えるからです。

その典型的な例が「円キャリー取引」です。これは低金利の通貨である円建てで資金を借りて、米国などの高金利国の金融資産などで運用することで、金利の利ざやでもうけようとする取引のこと。この際に、円が売られ米ドルが買われるわけですから、為替でもダブルにもうけられる可能性があります。2022年後半から日米の金利差が開いたので、円安が進みやすくなったのです（詳しくは第4章で解説します）。

2つめは貿易収支。貿易収支が黒字になると、通貨高になる傾向があります。例えば日本から米国へ輸出する場合、米企業がドルを売って円で支払うか、ドルで支払った場合も日本企業はその後、受け取ったドルを売り日本円を買って、日本企業は従業員たちに給与を支払ったり設備投資をしたりすることが多いのです。ですから日本からの輸出が増えて黒字になれば、その分、日本円の需要が増えるので、ドル売り・円買いが起こって円高・ドル安になります。反対に米国から日本への輸出が増えると、同じ理屈でドルの需要が高まり、円売り・ドル買いが起こってドル高・円安が進みます（貿易収支にサービス収支、所得収支を加味した経常収支に関しても同様のことが起こりやすいのですが、このことは後に説明します）。

3つめは物価変動です。一般的に、インフレが起こっている国は通貨安になる傾向があります（インフレについては第2章で詳しく解説します）。インフレとはモノの価値が上がる一方で、通貨の価値が下がることを意味するからです。

続いて、短期的な他の要因についてもいくつか紹介します。1つめは「中央銀行の為替介入」。為替相場の急激な変動を抑えて安定させるために、政府の指示で中央銀行が外国為替の売買を行うことを為替介入といいます。各国の中央銀行は、自国の通貨が急激に安くなりすぎることも高くなりすぎることも避けようとするのです。

2つめは「政治的な要因」。政権交代や制度変更、外交（戦争・貿易）問題、あるいは各国政府要人の発言などによって、為替相場が大きく変動することがあります。

3つめは「経済指標や金融政策の発表」です。市場の予想と異なる数字が発表されたとき、為替相場が大きく動く場合があります。先にも少し触れましたが、雇用統計や経済成長率、消費者物価指数（インフレ率）のほか、中央銀行が発表する政策金利などに注目しておくとよいでしょう。

これらのほか、地域の紛争や戦争が勃発するなどして政治が不安定になったときや、財政赤字が深刻化したときなども、その国の為替相場は下落しやすくなります。

なぜ円安が進んだのか

為替相場の基礎を一通り学んだところで、2024年夏まで「円安が進んだ理由」についての説明に入ります。

図表 1-7　円／ドル相場の推移（2019 年以降）

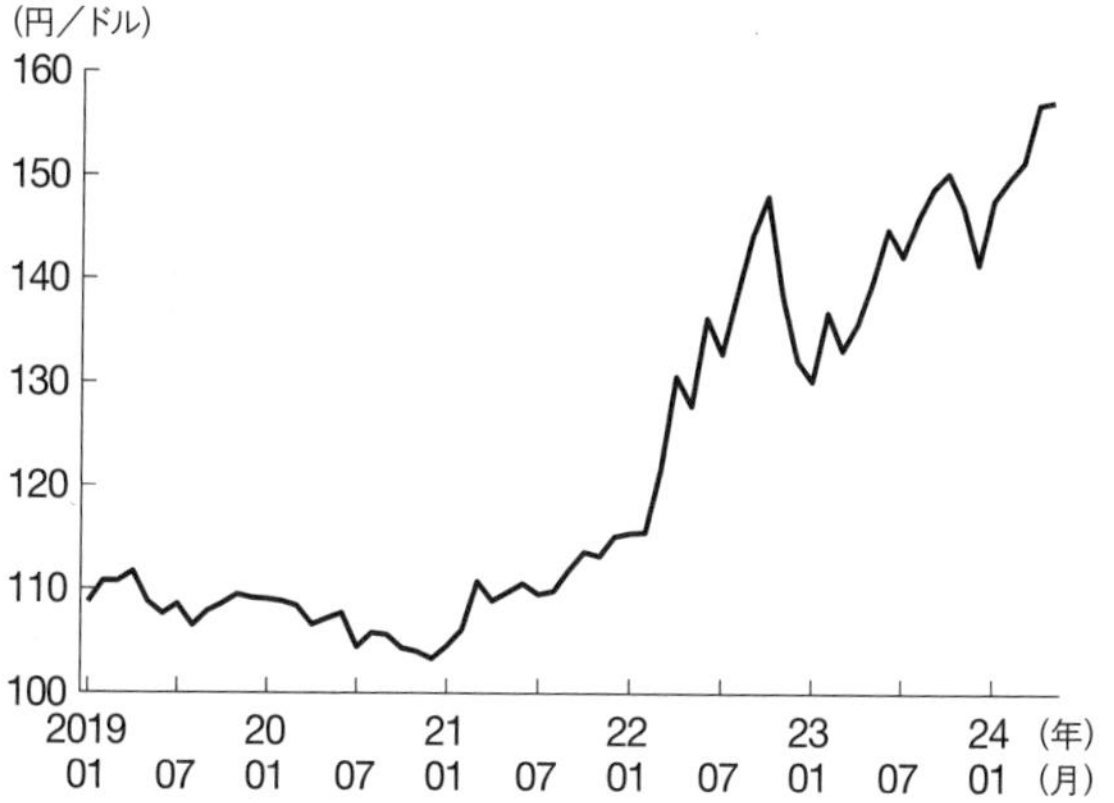

［注］　各月月末値
［出所］　日本銀行

まずコロナ禍前から2024年前半までの円／ドル相場を振り返ってみましょう。2019年は1ドル＝106～111円程度で推移していました。2020年初から世界各国で新型コロナウイルスの感染拡大が始まったわけですが、同年1月は109円台を維持していたものの、2月、3月は108円台、7月は104円台と円高が進み、12月には103円台をつけました。世界的に感染症が拡大し、危機時の避難通貨として日本円が買われたこともありますが、米国の中央銀行に当たるFRBがコロナ対策で政策金利を急激に下げたこともあり日米金利差が一気に縮小し、円高に振れたのです。

一方、2021年になると緩やかに円安が進み始め、2022年に入ってからはそのスピードが増してきました。2022年1月は115円台だったのが、9月にはなんと144円台をつけ、10月には148円台まで進みました。一時的には150円もつけました。この年は1990年以来の円安水準となったのです。

この理由は日米金利差の拡大です。詳しくは第2章で解説しますが、米国では2021年末から2022年初旬にかけて急速なインフレが進んでいました。2022年1月には、すでに消費者物価の上昇率が7%台に達していたのです。

その一方で、FRBは政策金利を引き上げておらず、短期金利（TB3カ月）は0%台で推移していました。当時、米国経済はコロナ禍によって大きく落ち込んでいましたから、FRBは「コロナ禍から十分に脱していない段階で、金利を引き上げることで経済を抑えつけたくない」と考えていたのです。さらには、FRBは「このインフレは一過性のものだ」と捉えていました。

一方、この時期、インフレを加速させる要因が重なりました。1つは2022年2月24日から始まった、ロシアによるウクライナ侵攻です。資源価格が上昇し、世界的に物価が上がりました。もう1つは中国でのゼロコロナ政策です。これによって世界一のコンテナ港である上海港が封鎖され、物流が滞ってしまったのです。

こういった不測の事態が重なり、米国では消費者物価がどんどん上昇していきました。その後、FRBは政策を急転換し、インフレを抑えるべく政策金利を急速に引き上げ始めます。一方で日本の政策金利は、マイナス金利を維持していました。

こうして日米金利差が一気に開いたことで、低金利通貨である日本円で借り入れをして高金利の米国の金融資産を運用して利益を得る「円キャリー取引」も増え、円安がさらに加速していったというわけです。

「有事の円買い」が起きても円高は進まず

その後、円/ドル相場はどのように動いていったのでしょうか。2022年にいったん1ドル＝140円台後半をつけましたが、2023年に入ってからは130円台まで急速な円高が進みました。その後も3月まで133円台程度を維持しています。

この円高の理由は2つあり、1つは当時日米の金利差が縮まるという見方が強まったからです。2022年12月に行われた日本銀行の金融政策決定会合で、長期金利の変動幅の上限を0・50％にすると決定しました。新聞やニュース番組では「実質利上げ」と報じられ、金利上昇予測が一気に強まったのです。このとき、円／ドル相場は一時127円台半ばをつけました。

時を同じくして米国の消費者物価指数（CPI）が発表され、前年同月比6・5％と6カ月連続で伸び率が縮まりました。つまり、米国ではインフレが鈍化してきているということです。これによって米国は利上げ幅を縮小するのではないかとの見方が強まりました。以上の動きから「日米の金利差が縮まるのではないか」と考える人が増えて、円買い・ドル売りが活発化し、円高・ドル安が進んだのです。消費者物価指数や金利については第2章、第4章で詳しく触れますので、ここで理解できていなくても問題ありません。

もう1つの要因は、2023年3月10日に米国のシリコンバレーバンクが破綻したことです。米国の西部カリフォルニア州に拠点を置き、スタートアップ企業に向けて積極的に融資していた銀行です。FRBが利上げを続けていたことから、シリコンバレーバンクが保有する国債価格が下落し、財務状況が一気に悪化したのです。さらにはSNSで経営破綻の情報が拡散されて、預金が速いスピードで流出する事態となりました。

　これを皮切りに、シグネチャー・バンク、ファースト・リパブリック・バンクも相次いで破綻。米国ではこの3月から5月の間に銀行の破綻が続いたのです。これによって米国の金融システムへの不安が広がり、円高傾向となりました。

　ここで注意しなければならないのは、「有事の円買い」が起こっても1ドル＝130円台までしか円高が進まなかった点です。有事の円買いとは、金融危機や地政学リスクなどが起こると、相対的に低リスク通貨と呼ばれる日本円にお金が退避し、円高が加速するという経験則です。

　規模は異なりますが、2009年10月に起こったギリシャ危機では1ドル＝80円前後まで円高が進みました。ところが、シリコンバレーバンクに端を発した米国の金融危機の兆しが見えたときは、円高は1ドル＝130円台までしか進みませんでした。これが、2009年から2023年の14年間における日本経済の実力の低下だと私は懸念しています。円安の理由は、ひとえに日本の国力が落ちた結果だといえるでしょう。

　それを裏づけるかのように、米国の金融危機懸念が遠のいた2023年後半には再び急速な円安が進み、11月には1ドル＝147円台に突入。2024年4月10日には153円台をつけて34年ぶりの円安水準として話題になり、160円まで円安が進みました。その後、日銀による政策金利の引き上げで150円前後まで円は上昇しましたが、かつてのように80円台をつけるような円高は残念ながらまずありえないと私は考えています。

4 「貿易収支」と「経常収支」の構造変化

「国際収支」の構造

日本のGDPを見ると、大きく伸びているわけではなく、近年では上がったり下がったりの状態だと説明しました。さらには名目GDPをドルに換算すると、コロナ禍前から2023年にかけて2割ほど価値が下がっています。しかしながら日経平均株価は上昇を続け、2024年2月22日には3万9098円となり、1989年12月29日の大納会でつけた最高値の3万8915円を更新しました。その後4万円台もつけました。日本の経済成長は鈍化しているのに、なぜ日本株は上がったのでしょうか。

この理由はシンプルで、海外進出している日本企業が稼いでいるからです。彼らは日本国内ではなく、海外で収益を伸ばしているのです。現在の株価は海外での業績を加味した結果の数字ですから、上昇しているのは当然です。私は株価バブルが起こっているとは思いません。

では、日本企業はどのぐらい海外に投資してきたのでしょうか。ここを理解すると、日本の産業構造がどのように変化してきたかが分かります。

そのためには、**国際収支**に注目してください。この指標は、日本が海外と取引する際に受け取る金額と支払う金額のバランスを示します。国際収支は**経常収支**、**資本移転等収支**、**金融収支**に大別されます（詳しい内訳は図表1―8を参照してください）。ここでは、特に大切な経常収支と、金融収支に含まれる**直接投資収支**をピックアップして解説します。

かつて、「日本は貿易黒字国だ」「日本は輸出で稼いでいる」といわれていました。ところが、その構造は大きく変化しているのです。

日本はどのようにして海外から稼いでいるのでしょうか。経常収支を見ていきましょう。

経常収支とは、モノやサービスの取引、あるいは投資収益などによる日本と海外の間のお金

図表 1-8　国際収支の内訳

国際収支	経常収支	貿易・サービス収支	貿易収支	モノの輸出入の収支
			サービス収支	輸送や旅行、金融などのサービス取引の収支
		第一次所得収支	直接投資収益	親会社と子会社との間の配当金や利子等の受取・支払
			証券投資収益	株式配当金や債券利子の受取・支払
			その他投資収益	貸付や借入、預金等に係る利子の受取・支払
		第二次所得収支		政府開発援助などの官民の無償資金協力、寄付、贈与など
	資本移転等収支			対価の受領を伴わない固定資産の提供、債務免除のほか、非生産・非金融資産の取得処分等の収支。特許権などの知的財産権、販売権などが含まれる
	金融収支	直接投資収支		株式の取得によって、外国の企業に対して永続的な権益を取得することを目的に行われる投資や、海外に事業所や工場を建設することで、事業を行うことを目的に行われる投資
		証券投資収支		株式、投資信託、債券の取引のうち、直接投資や外貨準備に該当しないもの
		金融派生商品収支		先物取引、オプション取引、スワップ取引など、他の金融商品の価格に連動して価格が決まる金融商品
		その他投資収支		直接投資、証券投資、金融派生商品、外貨準備のいずれにも該当しない金融取引。現預金や貸付・借入などが含まれる
		外貨準備		為替介入や通貨危機に対する対応などに使用する通貨当局が管理する対外資産

［出所］ 財務省

の出入りをまとめた指標です。大きな内訳は、貿易・サービス収支、第一次所得収支、第二次所得収支の3つです。

貿易・サービス収支は、モノやサービスの取引を対象とした数字で、自動車などのモノの輸出から輸入を差し引いた**貿易収支**と、特許料などのサービスの対価の流入と流出を表す**サービス収支**を合わせた金額を表します（先ほど出てきたGDPを支える要素、貿易収支はここに当たります）。

第一次所得収支は、日本人の対外投資から生み出される所得の合計から、外国人の対日投資から生み出される所得の合計を差し引いた金額です。具体的には、外国債や外国通貨からの利息、外国企業の株式の配当、外国に出稼ぎに出ている人からの送金などが含まれます。これらは2014年1月以前に「所得収支」と呼ばれていた項目です。

第二次所得収支は、政府開発援助（ODA）などの官民の無償資金協力、寄付、贈与などが含まれます。

これら3つのうち、経常収支の主な要素は貿易・サービス収支と第一次所得収支です。

図表 1-9　国際収支の推移

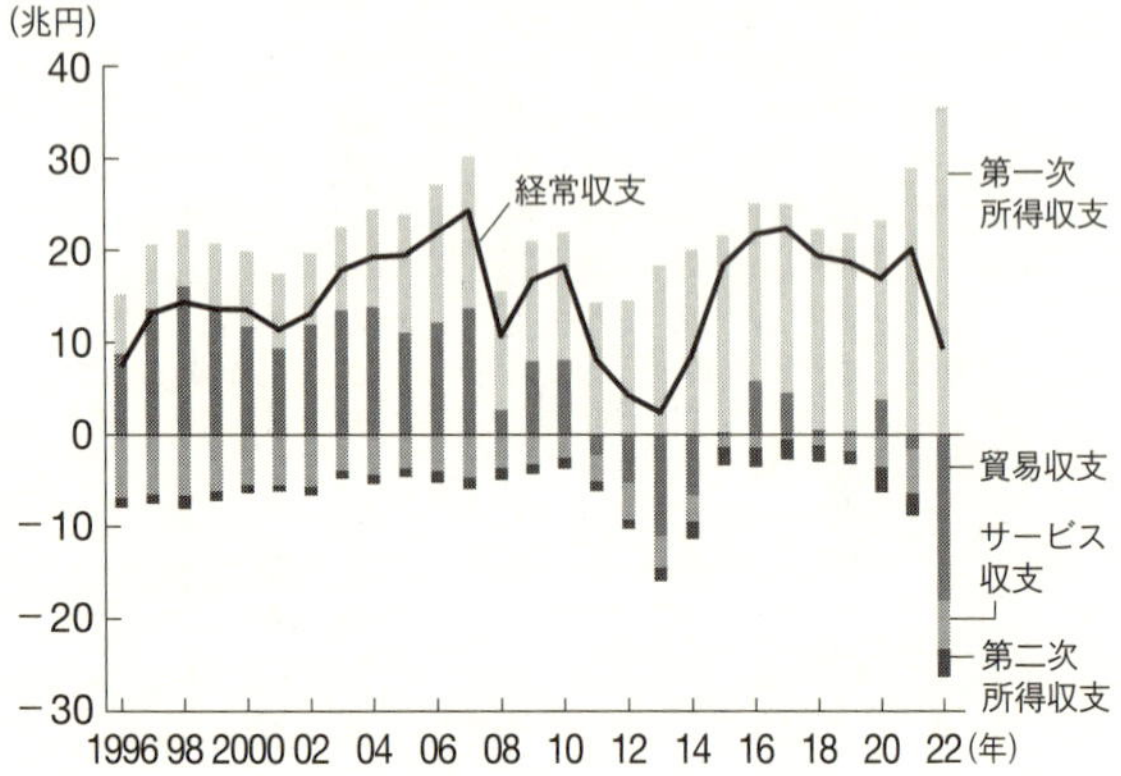

［出所］　財務省・日本銀行「国際収支統計」をもとに作成

経済成長が鈍化しても株価が上がる理由

では早速、貿易収支の推移を見てみましょう。黒字幅は徐々に縮小していき、2011年についに赤字に転落します。その後も赤字の年が多くなっています。その一方で、第一次所得収支は増え続けていき、経常収支の黒字のうち大半を占めるようになりました。

貿易収支が赤字に転じたきっかけは、2011年3月11日に起こった東日本大震災です。震災によって原子力発電所が止まってしまい、液化天然ガス（LNG）の輸入が増加。その後の円高も相まって輸出が減少しました。さらには国内産業の空洞化が一気に進んだことも、輸出の減少に拍車をかけました。

東北地方にある工場の多くが被災し、自動車や半導体、紙などの産業のサプライチェーンが分断されたことも影響しています。これらの産業はダメージを受けた分のすべてを東北地方で復旧させず、一部を海外に移転させたのです。先にも触れたように、当時の急速な円高も企業の海外進出を加速させました。こうした要因が重なったことで輸出が低迷し、さらには先にも述べたようにＬＮＧの輸入が急増したこともあり、貿易赤字が膨らんでしまったのです。

その後、２０１５年から２０２０年は一時期、貿易黒字になりましたが、その後は再び赤字に転じ、以降は赤字が続いています。ちなみに黒字になった理由ですが、原油価格が下がりＬＮＧや原油の輸入額が減ったことや、米国向けの輸出が好調だったことが黒字額を押し上げました。

日本企業の海外進出がどれだけ増えたかは、金融収支に含まれる**直接投資収支**に表れています。直接投資収支とは、「他の国にある企業に対して永続的な経済関係を樹立すること」を目的にする投資のことです。具体的には、外国企業の10％以上の株式を取得した場合が対象になります。また、海外に事業所や工場を建設することで、事業を行うことを目的に行わ

図表 1-10　直接投資収支の推移

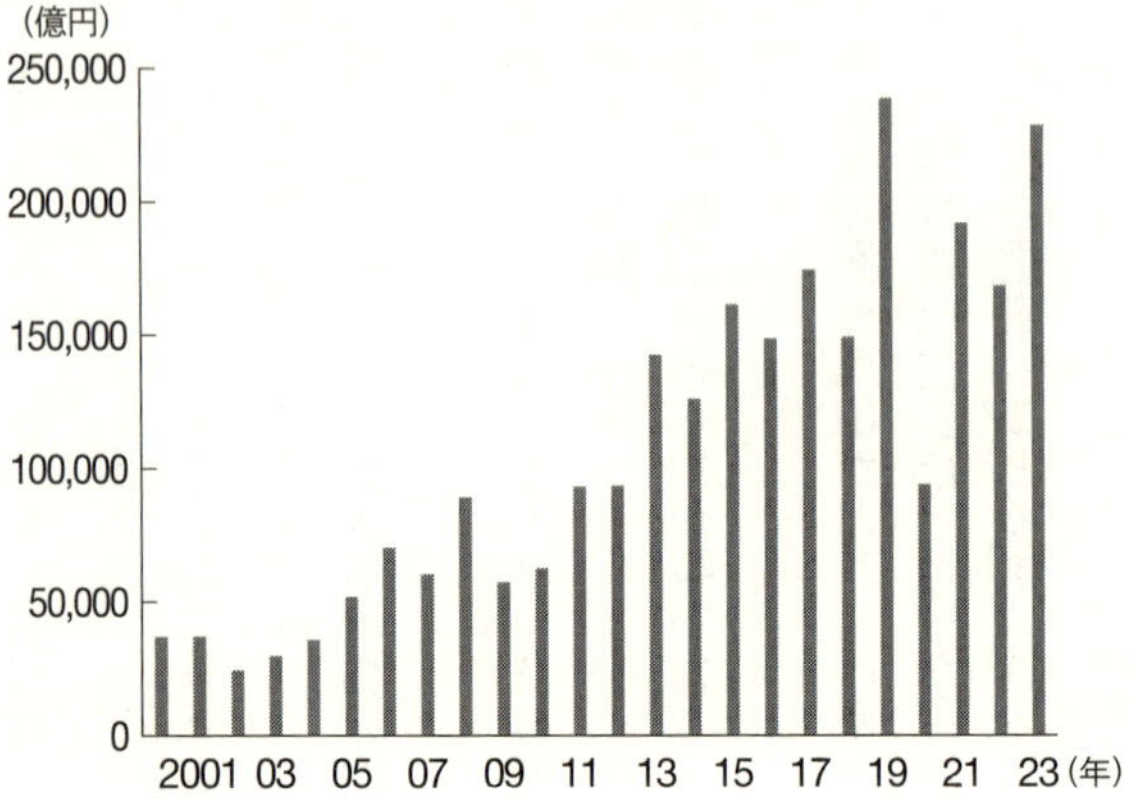

［出所］　財務省

れる投資などが含まれます。

直接投資収支の推移を見ると、プラスの数字が続いていますね。この金額が国内企業の対外直接投資と海外企業の国内投資の差額ですから、大量の資金が海外に流出していることを示しています。もし、この数字がマイナスになれば、逆に海外企業の対内直接投資のほうが多いわけですから、日本に海外企業の資金が流入していることになります。

さらに見ると、震災が起こった2011年ごろを境に直接投資収支が増加していることが分かります。震災によって海外進出が加速した様子が数字に表れているのです。

ここに、「なぜ日本は経済成長が鈍化しているのに、日経平均は上がっているのか?」の答えが表れています。日本企業の海外進出が拡大し、海外で稼ぐようになったことで、国内景気が伸び悩んでいても日本企業の株価が上がっているのです。したがって、現在の株高はバブルではないと私は考えています。

それにも関連して伸びているのが第一次所得収支です。先ほどの国際収支の推移を表した図表1－9をもう一度見ると、増加の一途をたどっています。特に2014年1月から少額投資非課税制度(NISA)がスタートしたことで海外企業の株式を買う人が増えたため、第一次所得収支も増えています。政府が「貯蓄から投資へ」の流れをうながすためにNISAの抜本的拡充が打ち出され、2024年1月には新しいNISA制度が始まりました。「オール・カントリー・ワールド・インデックス」や「S&P500」といった海外市場の指数に連動する投資信託が人気で、資金の海外流出がさらに加速しています。もちろんこれも円安要因です。

このように、日本はもはや貿易で稼ぐ国ではなく、海外進出企業への投資や個人の海外投資からの配当や金利で稼ぐ国になっているのです。ただ、いくら所得収支が増えても円安は止まりません。海外へ進出した企業が投資収益を国内に戻さない比率も高く、その要因とし

図表 1-11　日本の普通国債残高の推移

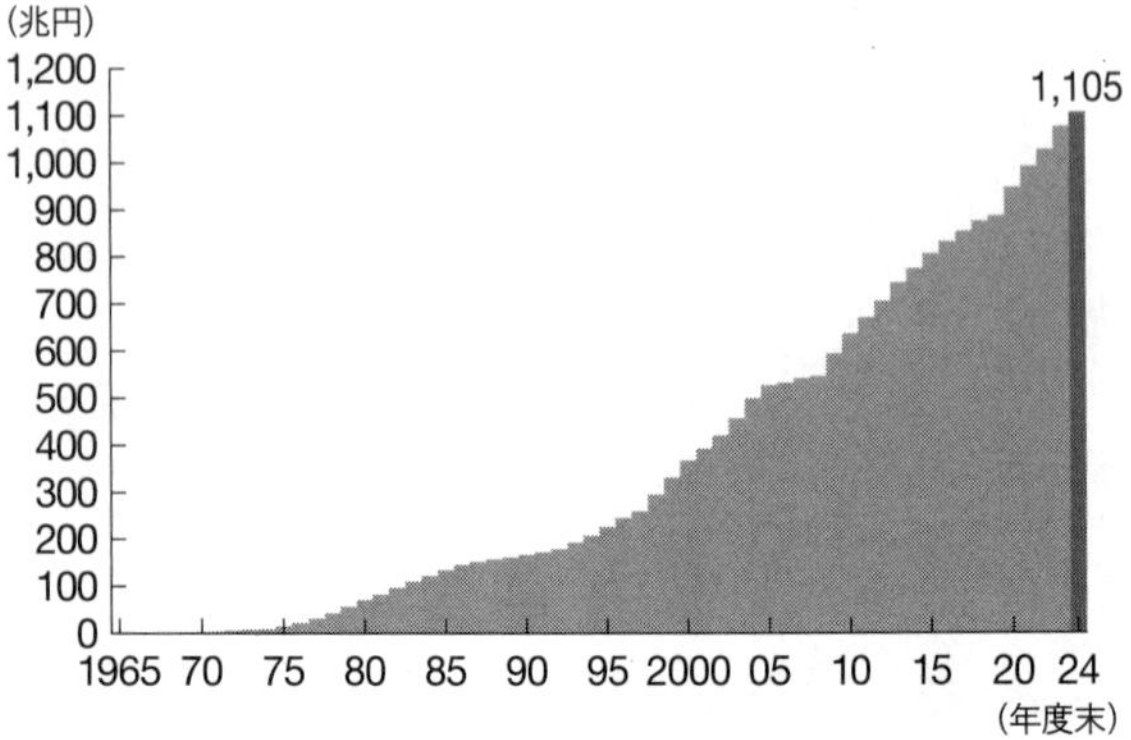

［注］ 2022 年度までは実績、2023 年度は補正予算後、
2024 年度は予算にもとづく見込み
［出所］ 財務省

ては、日本は少子高齢化が急速に進んでいるうえ、財政赤字（**普通国債残高**）が１１０５兆円（２０２４年度の見込み）まで膨れ上がっているからです。この規模は、名目ＧＤＰ比では先進国中最大です。こんな国は、世界中を探してもどこにもありません。人口減少も進んでいるので、将来の経済成長はあまり期待できないでしょう。

　これだけ日本のファンダメンタルズ（経済の基礎的条件）が弱くなれば、日本円の価値が下がるのも当然のことです。抜本的な改革をしなければ日本の先行きが非常に厳しいものになることを、私たちは認識しておかなければなりません。

5 「GDP」の限界と「GNI」の有効性

話をもう一度GDPに戻します。ここまで説明してきたように、国や地域の経済的な豊かさはGDPをベースにして考えます。しかし、近年では「GDPではなく、**国民総所得（GNI）**を重視すべきではないだろうか」との意見が出始めています。

GNIとは「Gross National Income」の略です。国内で1年間に生み出されたモノやサービスの付加価値の合計金額であるGDPに、外国から得た利子や配当などの金額（第一次所得収支）を加えたものです。国内の経済規模を示すGDPに対して、GNIは企業や国民の海外の収益なども反映されています。

では、なぜGNIが重視されるようになってきたのでしょうか。この理由は、経常収支の解説を読んだ皆さんなら分かると思います。そう、日本は貿易やサービスの取引よりも、海外企業の配当や金利で稼ぐようになってきたからです。その結果、「国の豊かさを評価するためには、GDPではなくGNIを見るほうが適切ではないか」という意見が出てきたのです。

一方で、次のような指摘もあります。「確かに日本は第一次所得収支で稼ぐようになってきたけれど、その全額が日本に還流しているとは限らないだろう」と。

どういうことか、トヨタ自動車を例に取って説明しましょう。トヨタ自動車には、子会社として米国トヨタがあります。米国トヨタが現地で収益を得ると、親会社であるトヨタ自動車に配当金が支払われるわけですから、所得収支上は日本のプラス、さらにはGNIにプラスされます。ただし、米国トヨタの配当金をそのまま日本国内に送っているかどうかは別の話です。低成長の日本に配当金を送るよりも、米国に置いておいて海外で再投資に使ったほうがいいと考える可能性も高いのです。

実際に、ソニーなど多くの企業はそのような戦略を取っています。ソニーでは英国にファイナンスの拠点を設け、欧州で稼いだ分は現地でためておき、再投資に使います。

このように、国際収支や経常収支の統計上は日本が稼いだ形になっていても、実際にその分のお金が日本に入ってきているわけではないのです。

もう1つ、注意しなければいけない点があります。所得収支、ひいてはGNIに計上される配当や金利は、事業投資などをしている人たちが得ています。言い換えれば、海外投資をする企業、資本を持つ人、あるいは富裕層にお金が還流してくるわけです。

繰り返しになりますが、GDPの半分強は給与の源泉であり、家計に入ります。GDPが増えれば、国内で働く人に還元されやすくなるということです。一方で、第一次所得収支は資本を持つ人や企業に入るわけですから、いくらGNIが伸びて「日本は豊かになった」と評価したとしても、中身を見ると二極化が進んでいるだけだったという可能性もあるのです。さらには、所得収支のかなりの部分は海外に滞留したままであるという現状もあります。

したがって、日本の稼ぎを見る場合はGNIで評価するほうが適切であるといえるのですが、国民の豊かさを評価しようとするならば、その分配の部分まできちんと見なければなりません。GNIとGDPのみならず他の指標も見て、正確に状況をつかむことが大切です。

第2章

景気の先行きを読む

第2章では、企業活動の全体的な動向を示す指標を紹介します。日本企業全体の業績が好調なのか不調なのか。つまり日本の景気が良いのか悪いのか、短期的にはどのように動いていくのかを大まかにつかむための数字です。ここでは日本経済と深くかかわっている米国や中国の主要な経済指標にも触れていきます。

1 「日銀短観」から分かる景気の方向性

海外からも注目される重要な調査

日本企業全体の景気がどのように動いているかを知るには、まず**日銀短観**に着目します。これは日本銀行（日銀）が3カ月に1度実施している「全国企業短期経済観測調査」という調査の結果をまとめたものです。短観は「たんかん」と読みますが、海外の関係者の間でも「Tankan」と呼ばれているほど、日本の景気動向を知るうえで重要な調査です。

この調査は、さまざまな業種の大企業と中小企業を対象としています。「3カ月前に比べて業績は良くなったか？」「3カ月後の業績をどう思うか？」「資金繰りはどうか？」「人員は余っているか？」など、いろいろな切り口で調査します。景況感や資金繰り、雇用、商品やサービスの需給、在庫、販売価格、設備投資、研究開発費など、企業に細かく質問するのです。興味のある人は、日銀のホームページに調査結果が掲載されていますので、一度見てみることをおすすめします。

短観の数字は、「良い」と答えた企業の割合（%）から「悪い」と答えた企業の割合（%）を引いた値を示しています。「さほど良くない」という中間的な答えも認めているので、例えば、景況感が「良い」が30%、「さほど良くない」が50%、「悪い」が20%ならば、プラス10となるのです。こういう計算方法で算出する指標のことを「DI」(Diffusion Index）と呼びます。DIは変化や傾向の方向性を知るうえでは分かりやすい数字ですが、少し良くてもかなり良くても一律に「良い」とみなしますので、変化の量や傾向の度合いを把握することはできません。ただ、私の見方になりますが、この数字が20を超えていると好調と判断しています。

コロナ禍とインバウンドの影響

では、実際の数字をコロナ禍前から見ていきましょう。景況感を表す「業況判断」の

図表 2-1　日銀短観・業況判断の推移

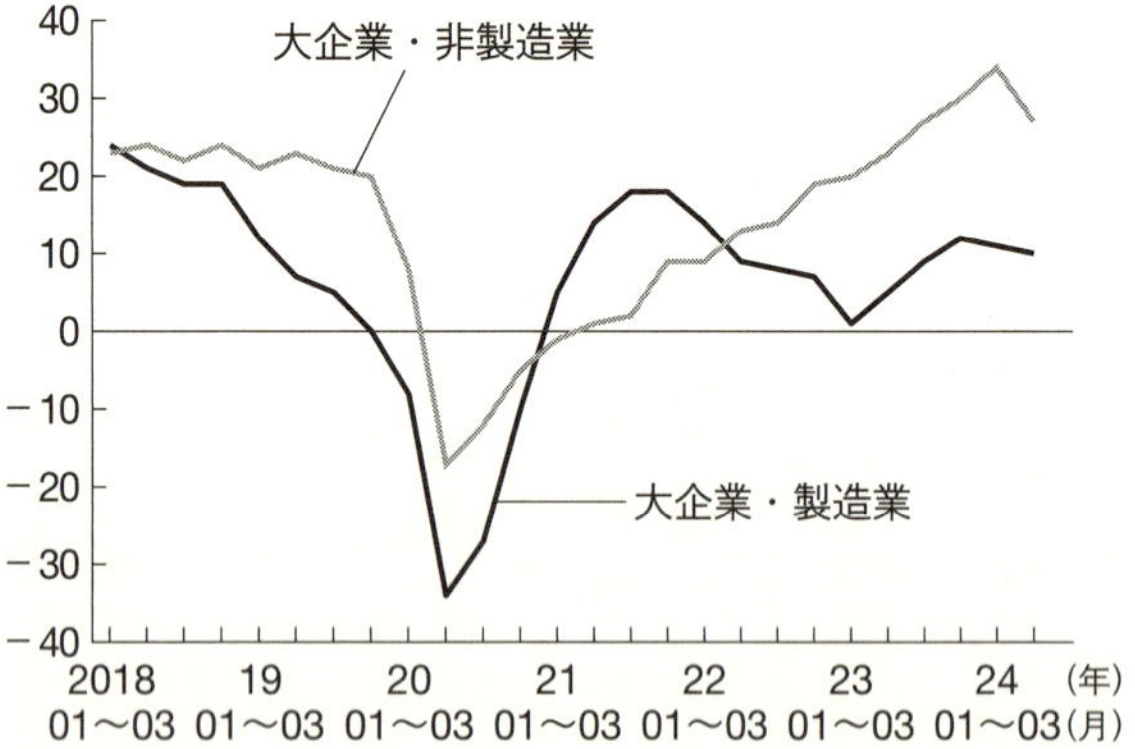

［出所］　日本銀行

2018年3月調査の結果は、「大企業・製造業」は24、「大企業・非製造業」は23。6月調査は21、24。9月調査は19、22。製造業も非製造業も20前後を維持していますから、この年は景気が安定していたといえます。

ところが2019年に入ると、非製造業は20強で推移しているものの、製造業は3月は12、6月は7、9月は5、12月は0と悪化し続けました。この理由は何でしょうか。

答えは、米中貿易摩擦です。2016年11月に大統領に選出されたトランプ氏は、対中貿易赤字の解消と貿易の不均衡の解消を公約に掲げました。そして2018年3月に、中国の鉄鋼製品などに対して関税を引き上げると宣言したのです。その後もトランプ氏は次々と中国製品への関税の引き上げを実施。これに対し中国も報復措置として米国からの輸入品に関税をかけました。その結果、2018年末には、米国は中国製品の約半分、中国は米国製品の約7割に関税をかける事態に発展したのです。

当然のことながら、日本企業もその影響は避けられません。中国に拠点を置く日本企業の中には、米国への輸出に対中関税がかけられた製品やその部品を取り扱うケースが多々あります。これらの企業は、関税引き上げ分を自社で負担したり、値上げに踏み切ったりして対応しましたが、業績悪化につながっていきました。こうして価格競争力を失った企業は、生産拠点を中国から他の国や地域に移すケースもありました。日本の製造業は中国と米国に依存している割合が大きいので、米中摩擦の問題は業績にかなり響いてしまうのです。

米国では、2024年11月に大統領選挙を控えています。もし、ここでもう一度トランプ氏が当選したら、米中貿易摩擦が再び起こってしまう可能性も低くありません。ロシアとの関係から中国の自由主義諸国との分断も懸念されます。もちろん、日本企業への影響も考えなければなりません。

日銀短観に話を戻します。2020年に入ると新型コロナウイルスの感染が拡大し始めましたから、製造業も非製造業も大幅に悪化しました。6月調査では製造業がマイナス34、非製造業がマイナス17と、空前の落ち込みを見せました。

2021年に入ると少しずつ回復し始め、9月調査で製造業は18まで戻しました。ところが、非製造業は2となっています。非製造業は国内事業を中心としているところが多くコロナ禍の影響で飲食店やホテル業、観光業などを中心に低迷が続いていたのです。

2022年は、非製造業は徐々に回復してきましたが、逆に製造業が悪化しました。2022年2月24日にロシアによるウクライナ侵攻が始まったからです。これによって小麦などの食糧、半導体生産に必要なレアガスやレアメタル、液化天然ガス（LNG）をはじめとするエネルギー資源などの供給網が寸断され、半導体不足やエネルギー価格の高騰が起こりました。

もう1つ、中国が打ち出したゼロコロナ政策も重なりました。中国での生産にも大きな影響が出たほかに、世界最大のコンテナ港である上海港が封鎖されてサプライチェーンに影響が出たのです。物流機能が制限されてしまい、一部の自動車メーカーでは必要な部品を日本に届けることができず、工場の稼働停止を余儀なくされたケースもありました。

２０２３年になってようやく、製造業、非製造業ともに回復基調に入りました。特に非製造業は、12月調査で30と大きく上昇しています。コロナ禍による影響が緩和されてきたことに加え、価格転嫁が進んだことで7期連続の上昇となったのです。

特に伸びているのは、「宿泊・飲食サービス」です。２０２３年12月の訪日外国人数は２７３万４０００人となり、コロナ禍以降最多を更新したうえ、12月としても過去最多となりました。同年8月に東京電力福島第一原発の処理水の海への放出が始まったことなどで中国人の日本への渡航は以前ほどではありませんが、それでもインバウンド（訪日客）は増え続けているのです。

このように日銀短観を見ると、日本企業が置かれている現状を詳細に把握することができます。ここでは景況感のみピックアップしましたが、興味のある方は雇用、物価、設備投資、需給などの状況を調べてみてください。

2 「景気動向指数」から先行きを予測する

日銀短観とあわせてチェックしてほしいのが、**景気動向指数**です。日銀短観と同じように景況感を示す指標ですが、こちらは内閣府が月に1度発表しています。

生産、在庫、投資、雇用、消費、企業経営、金融、物価、サービスの9つの部門における景気指標のうち、特に景気に敏感と考えられる指標の動きを統合した数字です。これによって景気の現状を把握するだけではなく、将来の動向を予測することもできるのです。

この指数は「CI」で、「Composite Index」の略です。日銀短観で使われているDIが変化の方向だけを示すのに対して、CIは変化の方向と量を同時に示すことができます。計算方法は複雑なのでここでは省略しますが、基準となる年度の水準を100として、その基準年に比べてどれだけ変化しているかを算出します。ちなみに景気動向指数の基準年は、2024年時点で2020年としています。

景気動向指数が対象としている指標は30種類あり、景気を先取りして動く**先行指数**（新規

図表 2-2　景気動向指数・先行指数の推移

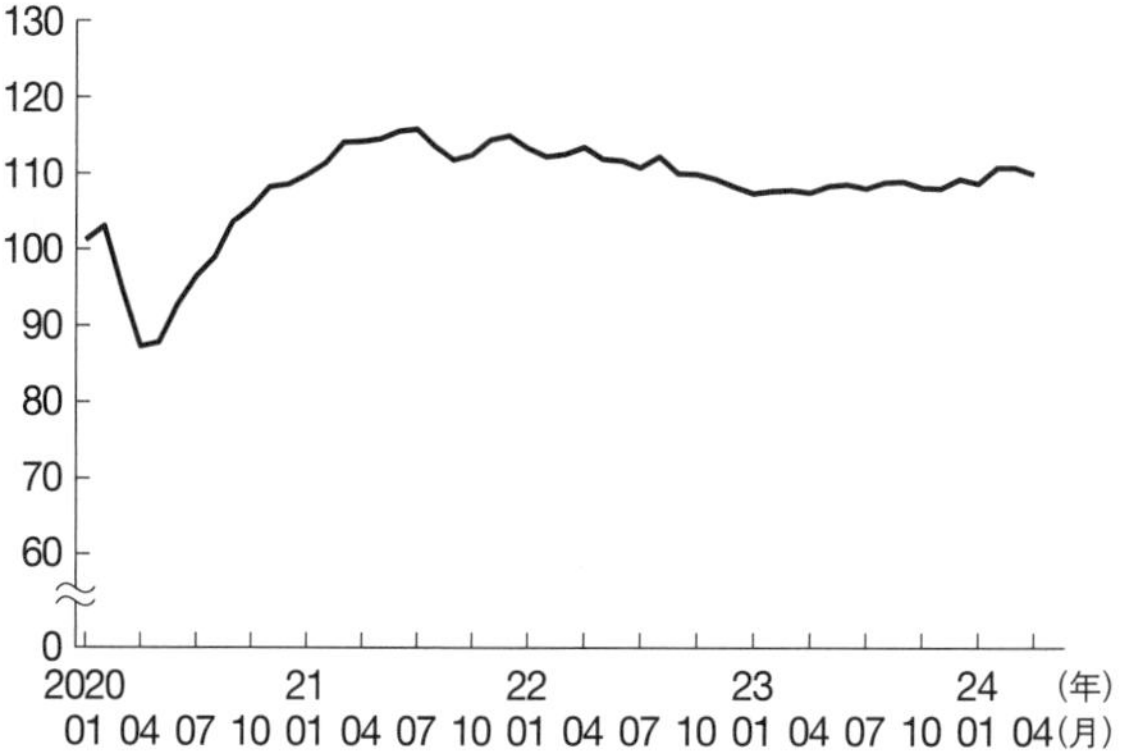

［出所］　内閣府

求人数や東証株価指数など11種類が対象）、景気と並行して動く**一致指数**（鉱工業用生産財出荷指数や有効求人倍率など10種類が対象）、景気に遅れて動く**遅行指数**（法人税収入や完全失業率など9種類が対象）の3種類に大別されます。

景気動向指数は、実際の指標にもとづいて算出されていますから、客観性が高い数字といえます。

私は、それらの中でも特に先行指数を見るようにしています。直近のデータを見ると、２０２４年1月は１０９・７と少し落ち込みましたが、２月は１１１・７、3月も１１１・７と少し改善しています。この指標からは、数カ月後の景気は今よりも少し改善すると見られます。実際に全体の景気が回復していくのか、他の指標を見ながら検証してみてください。

3 「景気ウォッチャー調査」で地域ごとの景気を把握

日銀短観や景気動向指数とともに私が注目しているのが、**景気ウォッチャー調査**です。「街角景気」とも呼ばれています。これも景気の動向を示す指標の1つで、迅速かつ的確に把握するために、内閣府が月に1度、各地の景気の動きに敏感な人たちに調査した結果をまとめたものです。例えば、タクシー運転手、ホテルのフロント係、小売店の店員、中小企業の経営者、ハローワークの受付など、経済の最前線にいるさまざまな職業の人に景況感について質問するのです。

この指標は、50を超えていれば「景気は良くなっている」と答えた人が多く、50を切っていれば「景気は悪くなっている」と答えた人が多いと見ます。現状判断指数と先行き判断指数があります。

では、現状判断指数について、実際の数字を見ていきましょう。コロナ禍に突入し、最初

図表 2-3　景気ウォッチャー調査・現状判断指数の推移

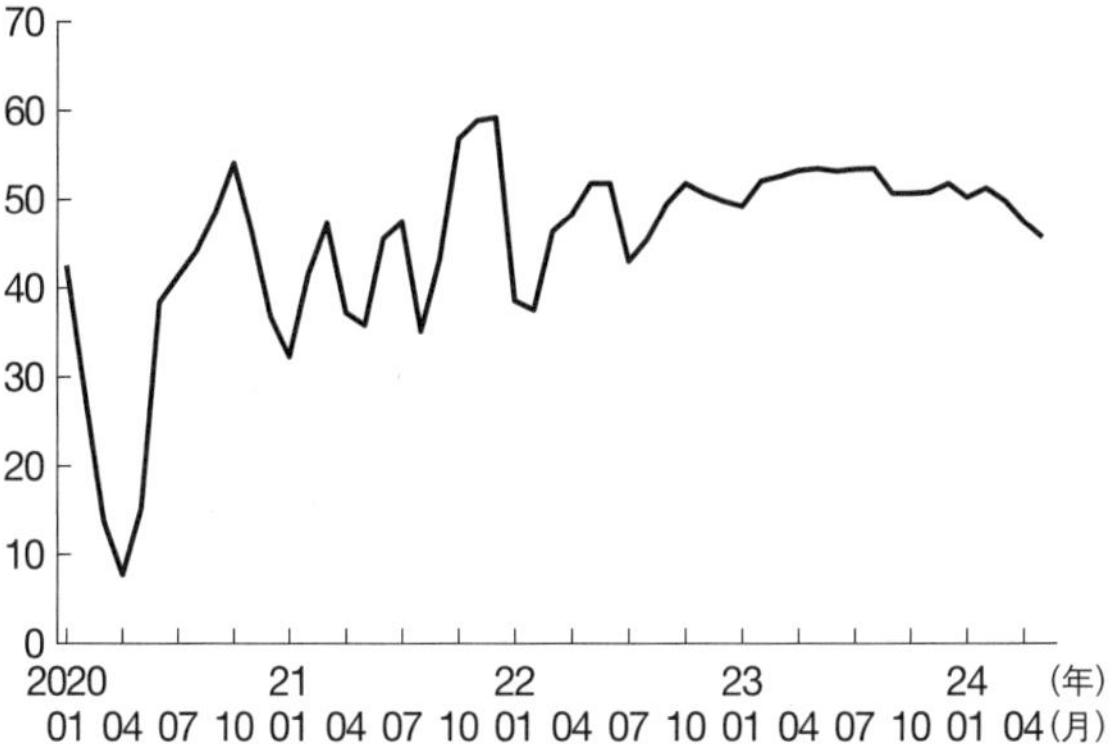

［出所］　内閣府

の緊急事態宣言が発令された2020年4月は7・7。これはまぎれもなく過去最低の数字です。この指標は、どんなに悪くても40台前半、いいときでも60前後というぐらいの振れ幅で動きます。それが1ケタに転落したのですから、私は衝撃を受けました。その前後も10台の水準で推移し、コロナが急速に蔓延したころはまさに日本経済が異常事態だったことが読み取れます。

第1章で、米国では景気の動向は雇用統計に如実に表れるという話をしました。一方で、日本の雇用統計はこのとき米国ほど反応しませんでした。しかし、景気ウォッチャー調査によると、景気に敏感な現場で働く人たちは、日本の経済が前代未聞のレベルで落ち込んでいる様子を感じ取っていたことが分かります。

さらに直近のデータも見ると、２０２３年はおおむね50をわずかに超える水準で推移していますね（２０２４年は50を切る月も増えています）。これは、日銀短観の大企業・製造業と大企業・非製造業の景況感の動きとほぼ一致しています。日銀短観と景気動向指数、景気ウォッチャー調査を見ると、日本経済のおおまかな状況や流れをつかむことができるのです。

4　製造業の動きが分かる「鉱工業指数」

企業活動を見るうえでもっとも重要な指標の1つに**鉱工業指数**があります。これは、鉱業と工業の生産高や出荷数量、在庫の状況を表す数字です。鉱業とは、金、銀、銅、鉄といった金属や、ガラス、セメントの原料、原油、天然ガスなどのエネルギーを採掘する企業、工業とは、機械や電子部品、繊維、薬品、食品などさまざまなモノを生産している企業を指します。

長期的に見れば、日本経済に占める鉱工業のウエイトは低下しつつあり、その一方で海外

図表 2-4　鉱工業指数・生産指数、製品在庫率指数の推移

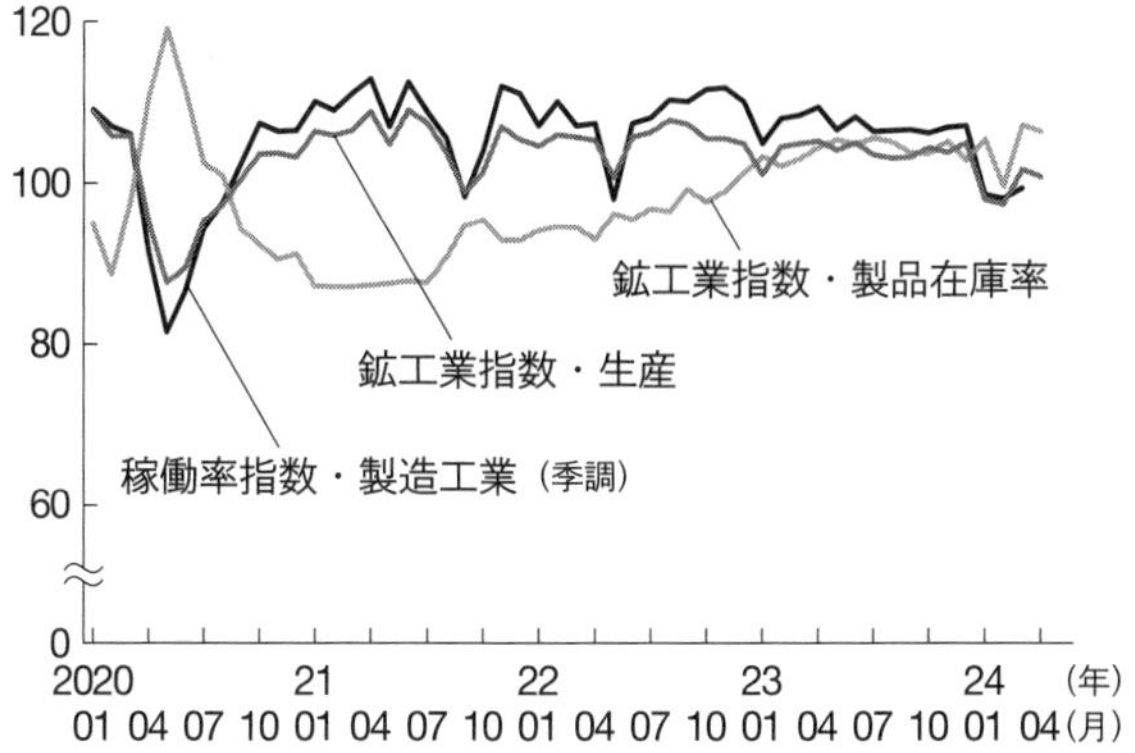

［出所］　経済産業省

生産の比率が高まっていますが、いまだに日本の主力産業であることに変わりはありません。

鉱工業指数の中で特に私が見ているのは、**生産指数**、**製品在庫率指数**です。生産指数と製品在庫率指数は、基準年である2020年を100として指数化したものです。

この指標の読み方を説明する前に、「生産」と「在庫」について解説します。例えば、ある自動車メーカーで在庫が増えているとしましょう。この場合、2つの見方ができます。1つは、景気が良くなっているときは将来の売上増を見越して生産を増やし、意図的に在庫を増やした（＝「良い在庫増」）。もう1つは景気が悪化しているときに、売り上げが減りながら意図せず在庫が増えて

いった（＝「悪い在庫増」）という見方です。

したがって、在庫の増減は生産の増減と同時に見なければ、正しい状況を把握することができないのです。景気が良くなればモノがよく売れるようになり、企業が製品を増産するので、生産も出荷も上昇します。反対に、景気が悪くなるとモノが売れなくなりますから、出荷が減少して在庫が増加し、やがて生産の減少につながります。

コロナ禍が影響し始めた2020年の鉱工業指数を見ると、生産指数は1月の時点では108・8と悪くない数字でしたが、2月以降は急速に悪化しています。緊急事態宣言が発令された4月は95・2、5月は87・6となりました。同じ時期の製品在庫率指数は、1月94・9、2月88・6でしたが、4月110・7、5月119・1、6月111・5と一気に上昇しました。景気が悪化したことで出荷が落ち込み、在庫が積み上がる「悪い在庫増」が起こっていたのです。**稼働率指数・製造工業**も1月は109・1だったのが、4月91・4、5月81・5、6月86・5と急落しました。

最近の数字はどうでしょうか。生産指数の推移を見ると2023年はずっと100を超えており、順調なペースが続いていました。製品在庫率指数も100を超えていて、コロナ禍を抜けて景気が回復しつつある中での「良い在庫増」となっていたといえます。ところが、2024年1月の生産指数は98・0と急に悪化しています。他に稼働率指数・製造工業も2023年は106～108程度の水準でしたが、2024年1月は98・6まで落ち込みました。

この理由は、ダイハツ工業の品質不正問題と豊田自動織機の認証試験不正問題です。日本の自動車産業は裾野が広く、たった数社の不祥事だったとしても、自動車メーカーのみならず下請け部品会社なども含めて大きな影響が出てしまうのです。

さらには、2024年1月1日に起こった能登半島地震によって、サプライチェーンに影響が出たことも重なりました。第1章でも触れましたが、これらの要因によって2024年1～3月期の実質GDP成長率は前期比年率2・9%減となりました。

数字の動きには、すべて理由があるのです。数字の変化を見つけたときは、何が原因なのか、ニュースや数字を関連づけながら仮説を立てる練習をしてみてください。経済の動きを分析する力、ニュースを深く読み解く力が養われていきます。もちろん、その結果思考力も高まります。

5　インフレ率は経済の体温計──「消費者物価指数」

なぜ30年ぶりに物価が上がり始めたのか

２０２２年から原油や原材料の価格が上がり始めたうえ、円安によって輸入物価が上昇したことで、日本では食品、日用品、光熱費など、多くのモノやサービスの値上げラッシュが続きました。家計のやりくりに頭を悩ませている人も多いのではないでしょうか。

日本経済は約30年にわたって続くデフレに苦しめられてきました。ここでようやくインフレに転じたわけですが、それは本当に私たちの生活を豊かにしてくれるのでしょうか。そして、日銀が掲げてきた「物価目標２％」を達成し、経済の拡大につなげることはできるのでしょうか。

インフレ率とは、「消費者物価指数の上昇率」を意味します。この**消費者物価指数**とは、日本国内のモノとサービスの小売価格の水準を総務省が調査して、毎月発表しているものです。基準年（現在は２０２０年）の物価水準を１００として指数化しています（基準年は5

図表 2-5　消費者物価指数（生鮮除く総合）前年比の推移

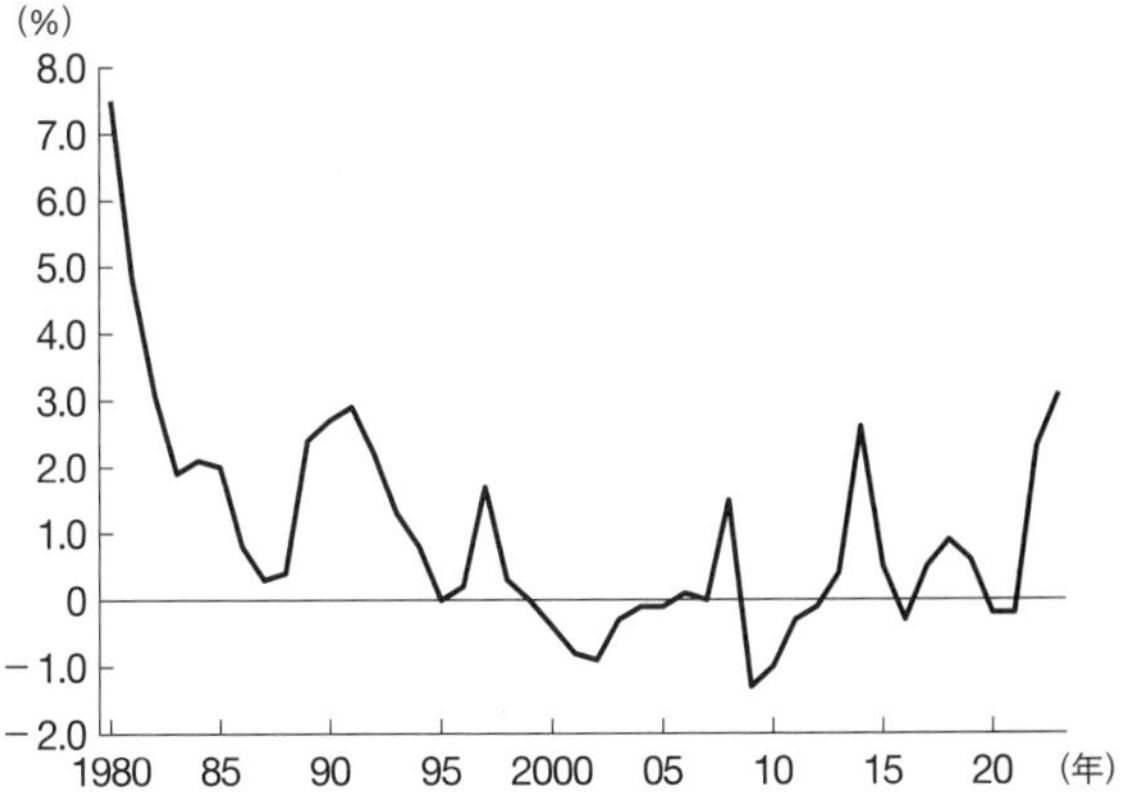

[出所]　総務省

年ごとに改定していますので注意してください）。これには、幅広い商品やサービスを対象とした**総合指数**と、物価変動の大きい生鮮食品を除いた**生鮮食品を除く総合指数（コア指数）**があります。一般的に「インフレ率」を指す指標は後者の生鮮食品を除く総合指数の上昇率（前年比）です。

日本はバブル崩壊後である1990年代半ば以降、約30年にわたり、インフレ率が0％前後を推移するデフレ傾向が続いていました。ところが、2022年は前年比プラス2・3％と大幅に上昇。先にも触れましたが、この時期から食料品のほか光熱費が上がり始めたことが話題になりましたね。

なぜ物価が上がり始めたのでしょうか。2022年2月にはロシアによるウクライナ侵攻が始まりました。先にも触れたように、このウクライナ危機によってエネルギーや食料価格が上昇。さらに第1章でも解説したように、日米の金利差が拡大して円安も進み輸入物価が上昇、食料品から光熱費、生活必需品まで幅広い範囲で大きな影響を受けたのです。

もう1つ、2022年後半には政府が「ウィズコロナ」の方針を示し、感染拡大防止と経済活動の両立を図る方向に舵を切りました。それによって経済活動がある程度回復し、人手不足が加速したことも重なったと考えられます。

「良いインフレ」と「悪いインフレ」

ただ、インフレ率は数字だけを見ていては誤った解釈をしてしまいます。インフレには、「良いインフレ」と「悪いインフレ」があるのです。

原油などの資源価格が上昇したり円安が進んだりすると、モノを輸入する際の価格、輸入物価が上昇し、インフレ圧力が高まります。景気が悪い中で輸入物価が上昇すると、お金が海外に流出するだけで何もいいことがない、コストプッシュ型の「悪いインフレ」となります。一方、国内の景気が回復して給与が上がることで需要が高まり、消費者物価が上がっていくのであれば、ディマンドプル型の「良いインフレ」となるのです。

私はインフレ率を「経済の体温計」と捉えています。景気が回復すると給料が上がって消費も伸びますから「良いインフレ」が起こりやすく、インフレ率が上がる傾向があるからです。基本的にはインフレ率が上がると、経済が活発化していると判断していいでしょう。

もちろん、インフレ率が上がるときは「悪いインフレ」の場合もありますから、物価上昇の要因には注意が必要です。戦争などで資源価格が上昇したり、円安によって輸入価格が上がったりというように、コストプッシュ型のインフレには必ず原因があります。

インフレ率が高くなりすぎてしまう場合にも注意してください。米国の中央銀行に当たるFRB（連邦準備制度理事会）は、インフレ目標を2％に設定しています。欧州中央銀行（ECB）も2％前後です。日銀も同様です。一般的に各国の中央銀行は、自国の経済状況などを加味したうえでインフレ目標を定めているのです。

この水準を大きく超えるようになると、インフレが過熱して消費、ひいては国民生活にも影響が出て、景気の悪化が懸念されます。そこで中央銀行は金利を上げてインフレの加熱を抑えようとします。このように経済の体温は、人間の体温と同じように上がりすぎても下がりすぎてもよくないのです。

余談ですが、日本でも日銀がインフレ目標を2％と定めていますが、その理由は欧米とは少し異なります。実際、白川方明《まさあき》・日銀総裁（当時）は２０１２年2月の講演で「当面、消費者物価の前年比上昇率1％を目指す」と発言していました。

ところが、２０１２年12月に民主党から自民党に政権が交代する前後で、政治的思惑から欧米に合わせて日本もインフレ率を2％に設定するようになったのです。日銀は金融政策の運営にあたり、政府から独立した立場を与えられているはずですが、実際のところは政治からの圧力も小さくなく、必ずしも適切なインフレ目標が設定されているとはいえないと思います。

日本はデフレから脱したのか

「良いインフレ」と「悪いインフレ」を見極めなければならないと説明しましたが、どのように見分ければいいのでしょうか。それには、いくつかの物価に関する指標をあわせて見る必要があります。

まずは**国内企業物価指数**。国内の企業間で取引されているモノの価格水準を示す指標です。これは日銀が1897年から毎月発表していて、日本でもっとも古い統計の1つといわれています。消費者物価指数と同様、基準年（現在は2020年）の水準を100として数値化したものです。なお、国内企業物価指数は主に製品の価格を表していますが、消費者物価指数はサービスの比重が高いのが特徴です。

2つめは**輸入物価指数**です。さまざまな種類の輸入品の平均価格を、国内に入ってくる水際段階で調査し、その水準を基準年（現在は2020年）と比べて指数化した数字です。対象となるのはモノだけです。サービスは含まれません。

日本は資源輸入国ですから、エネルギーや鉄鉱石、ベースメタル（産業用の非鉄金属）、液化天然ガス（LNG）などの価格が上昇すると輸入物価も上昇し、それがインフレ圧力になることがあります。いわゆる「資源インフレ」と呼ばれるものです。また、為替相場の変動によっても輸入物価指数は変動します。

3つめは**企業向けサービス価格指数**。金融、運輸、通信、不動産、広告、コンサルティン

図表 2-6　各種物価指数の推移（前年比）

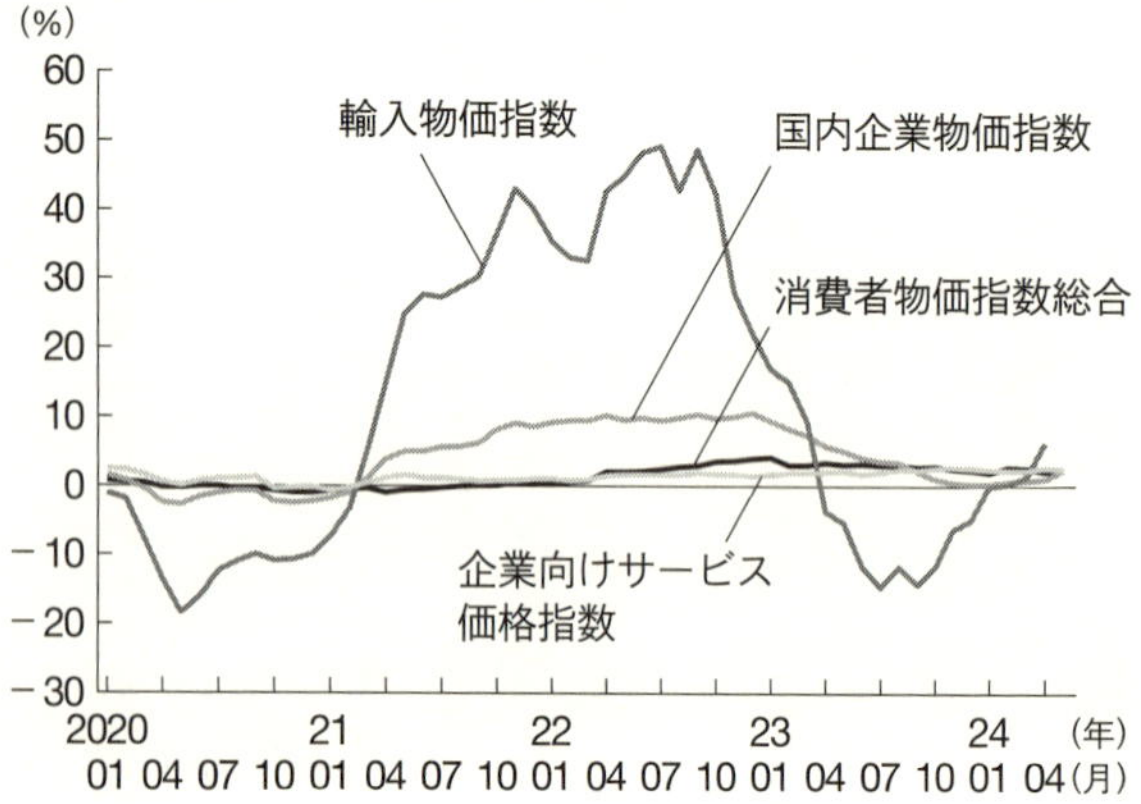

［出所］　総務省、日本銀行

グなどの第3次産業が企業向けに提供するサービスの価格水準を、基準年（現在は2020年）と比べて数値化した数字です。

これらの物価に関する指標は、同じトレンドになる傾向があります。ただし、振れ幅には差があることに注意してください。一般的には、一番振れ幅が大きいのは輸入物価指数、その次が国内企業物価指数、企業向けサービス価格指数、消費者物価指数となります。輸入物価指数は資源価格や為替相場の影響をダイレクトに受けるので、もっとも変動幅が大きくなる傾向があるのです。その変動幅を、企業がある程度、企業努力によって吸収し、消費者物価に価格転嫁していきますから、消費者物価の振れ幅がもっとも小さくなります。

コロナ禍に突入した2020年は全体的に落ち込み、輸入物価指数、国内企業物価指数、消費者物価指数ともにゼロからマイナスが続いていました。そして、2021年に入ると輸入物価が高騰します。11月には前年比43・1％まで上昇しています。それにともなって国内企業物価指数も上がり始め、年後半には9％台まで上昇しました。世界経済の回復にともなって需要が伸び、原油をはじめとする資源価格が高騰し始めたからです。長い間マイナスが続いていた消費者物価指数も、9月以降、わずかにプラスに転じました。

そして日本で値上げラッシュが話題になった2022年に入ると、ウクライナ情勢もあり輸入物価指数はさらに上昇し、7月には49・2％。国内企業物価指数も9％台から9月には10・3％まで上昇。そして、消費者物価指数はじわじわと上がっていき、ついに12月には4・0％まで上昇したのです。

消費者物価指数が上がった要因の1つには、企業向けサービス価格指数の上昇もあります。企業の賃上げ機運が高まり、企業規模や業種を問わず賃上げの動きが出てきたからです。賃上げの傾向が続けば、日銀が目標としているインフレ率2％を安定的に達成できるかもしれません。さらに2023年を見ると、いずれの指標も上昇幅が少し落ち着きましたが、依然として物価上昇の傾向は続きました。

以上の点から、国内経済は足踏みしているものの、輸入物価が高騰し、その結果、消費者物価が上がっているわけですから、その時点ではコストプッシュ型の「悪いインフレ」が起こっていたと考えられます。

今、人手不足により賃上げが広がっています。しかし、長い間、賃金の上昇率はインフレ率を上回っていませんでした。厚生労働省が発表した**毎月勤労統計調査**（速報、従業員5人以上の事業所）によると、2024年5月の「1人当たりの賃金」は、物価を考慮した実質値（**実質賃金**）で前年同月比1・4％減、26カ月連続のマイナスとなり、話題になりました（賃金については後ほど詳しく説明します）。

2024年春闘の賃上げがどこまで効果があるか。ここが悪いインフレから良いインフレになり、それが継続するかどうかの転換点となるでしょう。報道によると、大企業は積極的に賃上げしていますが、中小企業は大企業ほど継続的に引き上げることは難しいでしょう。もちろん中には業績が良くて賃金を上げられる企業もあるでしょうが、実際には大企業ほど増えないケースが多いのではないかと思います。2024年6月の実質賃金は前年同月比で1・1%増となり2年3カ月ぶりに増加しましたが、今後の動向を注視する必要があります。

今、日本がデフレから脱却できたかというと、私は正直微妙なところだと考えています。理由はシンプルで、デフレの根本的な原因である企業の生産性の低さ、人口減少や少子高齢化の問題や、巨額の財政赤字があって財政支出を思いきって拡大できないことなどが、いっこうに解消できていないからです。実際、日銀は量的緩和策を縮小するとしながらも金利は相対的に低いままで、本気でインフレ対策に乗り出しているわけではありません。さらには、これまで説明してきたように、インフレが起こっているといっても「悪いインフレ」から完全に脱却できていない状況です。賃金を上げてGDPを伸ばすべく、海外からの投資が増えるような政策を取る必要があると思います。

このように日本は経済の足腰が弱いままですから、今後、再びデフレに戻ってしまう可能性はいまだ十分にあると思います。引き続き、主要な指標を観測し続けることが重要です。

トランプ大統領を見誤らせたコロナ禍時のインフレ率

続いて、米国に視点を移しましょう。新型コロナウイルスの感染拡大が始まってから約1年が過ぎた2021年、米国では景気回復からインフレ傾向が加速し、なんと2022年6月にはインフレ率が9・1%の高水準に達しました。米国内では食料品や生活必需品の価格が急上昇し、家計には大きな負担となりました。

先ほど「インフレ率は経済の体温計」と説明しましたが、9%という数字はまさに米国経済が高熱におかされていたことを示しています。異常値だといえるでしょう。このとき、米国政府やFRBはどのような対策を講じたのでしょうか。

コロナが流行し始めた2020年以降の米国の状況を振り返ります。当時、何が起こっていたのでしょうか。

復習になりますが、インフレ率とは消費者物価指数（前年比）の上昇率を指します。米国の消費者物価指数も日本と同様に、米国内で消費者が購入する商品やサービスなどの小売価格が総合的にどのように変動しているかを示しています。これは**CPI**（Consumer Price Index）とも呼ばれ、衣料や食料品など約200品目の価格の変化を数値化したものです。米

図表 2-7　米国消費者物価（CPI）、卸売物価指数の推移

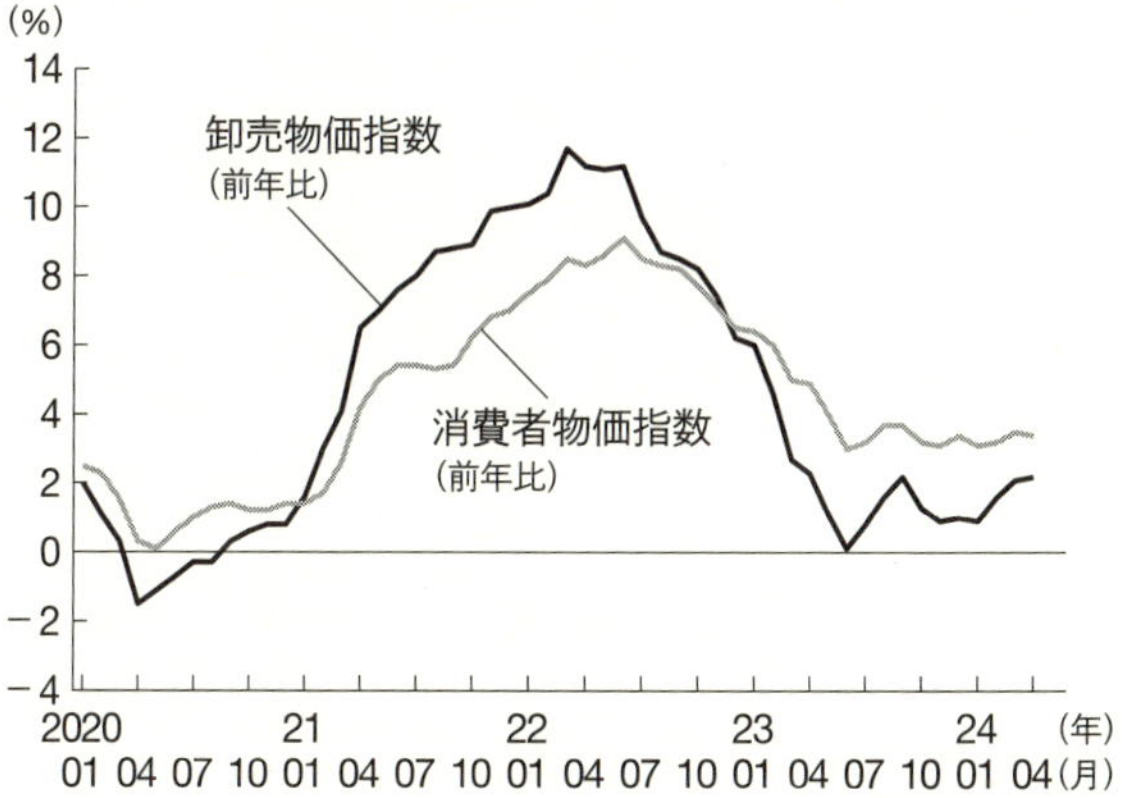

［出所］米労働省

国労働省が毎月発表しており、米国国民の生活水準を示す重要な指標の1つとして注目されています。振れ幅の大きい食品とエネルギーを除いた**コア指数**の動きも重視されています。

もう1つ、**卸売物価指数**にも触れておきます。これは**生産者価格指数**（**PPI**：Producer Price Index）とも呼ばれ、米国労働省が国内の製造業者が販売する約1万品目の価格を調査し、毎月発表しています。

2020年のインフレ率（消費者物価指数の前年比）の推移を見ると、1月2・5％、2月2・3％。この時期はすでにコロナが蔓延《まんえん》し始めていましたが、インフレ率にはまだ影響が出ていませんでした。第1章で触れたように、雇用統計にも変化はありませんでしたから、トランプ大統領（当時）は強気に「中国ウイルス」と批判していただけでした。

ところが、3月に入ると、異変が起こります。3月のインフレ率は1・5％、4月0・3％、5月0・1％と急速に低下しました。コロナで経済活動が低下し、消費が落ちたのです。第1章でも説明したように失業率は上がり始め、3月4・4％、4月14・8％、5月13・2％。実質GDPも1～3月期は5・3％減、4～6月期は28・0％減と大幅に減少しました。米国景気は急速に悪化していったのです。トランプ大統領は、まさかここまで経済が落ち込むとは予測していなかったのでしょう。

インフレ率は2021年初めまで低迷していましたが、ようやく3月に2・6％まで戻し、その後も上昇傾向が続きました。失業率も徐々に下がり、12月には3・9％まで改善。実質GDPも同年1～3月期は年率で5・2％、4～6月期6・2％、7～9月期3・3％、10～12月期7・0％とプラス成長が続きました。このあたりから米国内の景気が徐々に回復し始めたことが分かります。

インフレ率が上昇してきた理由について、もう少し深掘りしてみます。基本的には、インフレは、モノやサービスに対する需要が供給を上回る場合に起こります。例えば、多くの人が「自動車を買いたい」と思ったとしても、人数分の自動車が供給されなければどうなるでしょうか。「価格が通常より高くてもいいから自動車を買いたい」と考える人が出てきますよね。すると、自動車販売店は商品の価格を上げ始めます。このように、モノやサービスに対する需要が供給に追い付かないときに、価格水準が上昇、つまりインフレが起こるのです。

米国では2020年前半にコロナの感染拡大による〝景気の底〟を迎えてから、徐々に景気が回復しつつありました。年後半からは、モノやサービスに対する需要も戻り始めていたのです。ところが、バイデン政権になり2021年初めにコロナのワクチン接種が普及し始めるまでは、多くの人が買い物や休暇、ビジネス活動を延期せざるをえませんでした。そして、ワクチン接種が始まると、人々はいっせいに外出して活動を始め、モノやサービスの需要が急速に拡大していったのです。

バイデン大統領は国内が恐慌に陥るのを恐れ、2021年2月に追加で1兆9000億ドル規模の経済対策を表明しました。人々の購買力を高めるために、1400ドルの現金給付を打ち出したのです。FRBも政策金利をゼロに引き下げたうえ、量的緩和政策も行うことで経済を活性化させようとしました（金融については第4章で詳しく解説します）。

ところが、需要が高まる一方で、供給はそれに追い付かない状況に陥っていました。人手不足によって、製造、運送、倉庫などがフル稼働できず、サプライチェーンが分断されていたのです。米国内では生産や出荷が遅れ、各店舗ではあらゆる商品の品薄が続きました。貨物船が入港したとしても、港湾スタッフやトラック運転手が不足し、国内の流通網に入ることができない。商品が店舗に届いても、陳列棚に並べるスタッフが不足しているという状況だったのです。もちろん、モノの販売だけでなく、サービス産業も人手不足の影響を受けました。

こうして需要が供給を大きく上回り、モノやサービスの価格がどんどん上昇していったのです。

FRBも見誤ったインフレ率

FRBが当時打ち出していた金融政策にも注目してみます。政策金利については第4章で詳しく説明しますので、ここでは、中央銀行は経済を安定させるために金利を上げたり下げ

図表 2-8　TB3カ月の推移

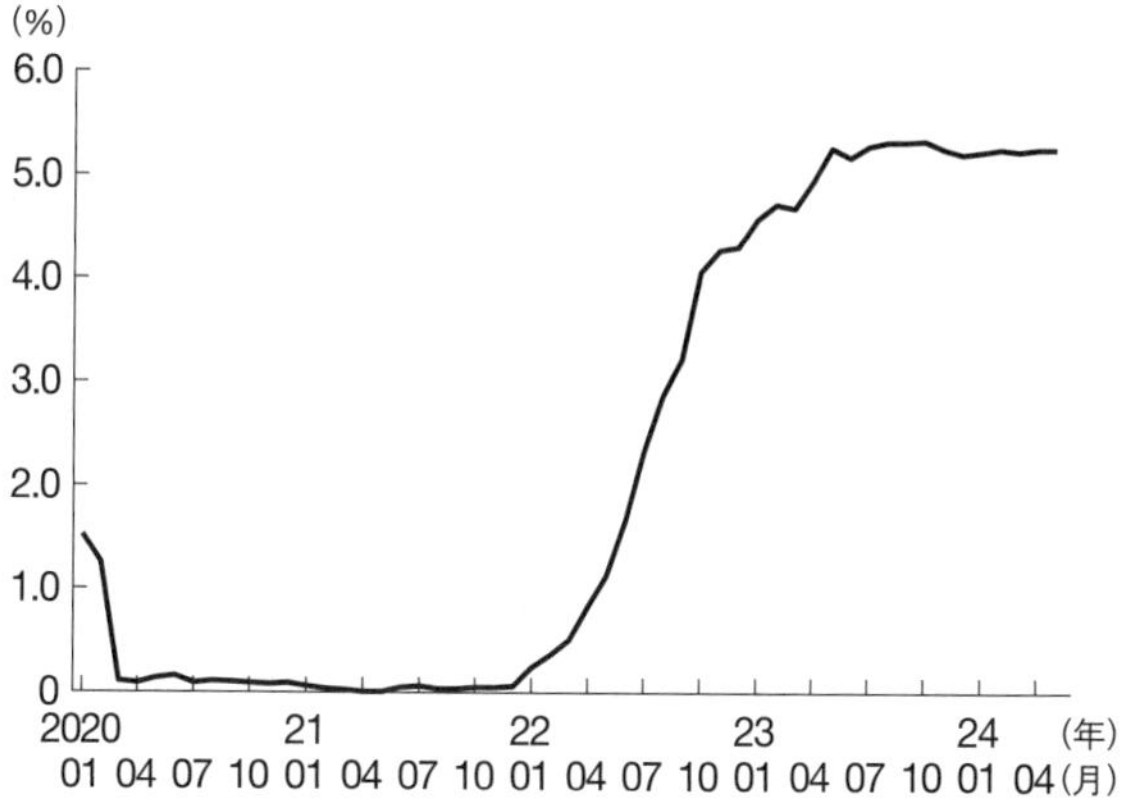

［出所］ 米財務省

たりする機関だということだけ頭に入れておいてください。過熱した景気を抑える場合は利上げを、停滞した景気を浮揚させる場合は利下げを行います。

ＦＲＢが誘導する政策金利に連動して動く短期金利の**ＴＢ３カ月**（３カ月物の財務省証券＝国債）を見ると、２０２１年はほぼゼロの水準が続いています。つまり、ＦＲＢはインフレが起こり始めても利上げをしませんでした。パウエル議長は「このインフレは一過性のものである」と考えていたことが分かります。

ところが、インフレ率は２０２１年後半から急速に上がり始めます。５％台を突破し、12月には７・０％まで上昇しました。急速な景気回復と供給不足によってインフレ率が上昇し続けていた米国ですが、2022年2月にはロシアによるウクライナ侵攻が始まりました。これによってロシアに対する制裁が始まり、エネルギー価格が上昇します。さらには世界中で起こった供給不足によるモノの価格高騰、人手不足による賃金上昇などが重なり、ますますインフレが進んでしまったのです。インフレ率を追うと、2022年1月7・5%、2月7・9%、3月8・5%、4月8・3%、5月8・6%と上がり続けます。日本のインフレ率をはるかに超える水準です。

ついにFRBは「インフレ率の見通しを見誤った」と気づき、2022年3月から政策金利を上げ始めます。そして、なんと、6月から11月までの金融政策決定会合で4回連続で0・75%ずつという大幅な利上げに踏み切ったのです。短期金利（TB3カ月）は5月に1・13%、7月に2・34%、9月に3・22%とかなり速いペースで上がっていきました。ついに2023年5月には5・26%まで上昇したのです。

ところが、インフレ率はなかなか下がりません。2022年6月は9・1%でした。7月8・5%、8月8・3%、9月8・2%と高水準が続きます。その後、消費者物価はようやく緩やかに低下し始め、2022年12月には6・5%。2023年6月には3%台まで落ち

図表2-9　日米の物価指数の推移（前年比）

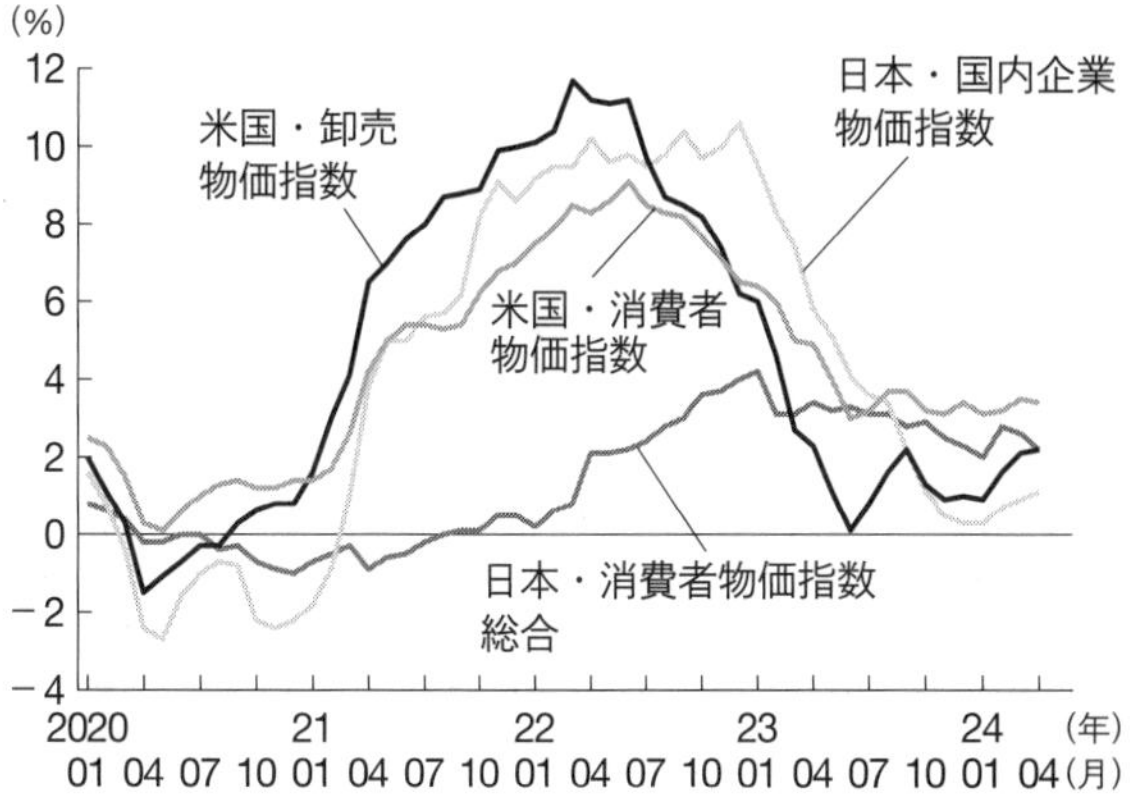

［出所］　日本銀行、総務省、米労働省

ました。

価格転嫁しやすい米国、価格転嫁が進まない日本

今回のようなインフレにおける日米の状況を見わたすと、日本企業と米国企業との間に明らかな違いがあることが分かります。それは「価格転嫁をする力」です。

インフレが過熱していた2021〜2022年の米国の物価を見ると、卸売物価指数は2021年12月が10・0%、2022年6月には11・2%まで上昇していました。同様に消費者物価指数を見ると2021年12月は7・0%。2022年6月は9・1%まで上がっています。つまり、卸売物価の上昇分のかなりの部分を消費者物価にうまく転嫁していたことが読み取れます。もともと米国は価格の変動に慣れているところがあるので、卸売価格が上がるとすぐに価格転嫁する傾向があるのです。

一方で、日本の場合はどうでしょうか。国内企業物価指数を見ると、2021年12月は8・6％、2022年6月は9・8％、9月には10・4％、2023年1月は9・5％。ほぼ米国と同じ水準まで上昇しています（図表2－9）。ところが消費者物価指数は、2021年12月は0・5％、2022年6月は2・2％、9月は3・0％、ピークである2023年1月でも4・2％と、米国の半分以下の水準です。米国ほど価格転嫁できていないことが分かりますね。日本はデフレが長く続いたせいで、企業も価格転嫁にとても慎重だったのです。

米国は景気が回復して順調に価格転嫁できているので、ある意味健全です。企業側の負担も小さいのです。逆に日本は価格転嫁が遅れたので、その分、企業収益の回復も遅れざるをえませんでした。しかし、日本でも値上げへの抵抗感が下がったので、企業は今後も値上げを続けるのではないかと思います。

こういった数字の動きからも、各国企業の考え方の違いが読み取れます。

6　米国の「貯蓄率」に見える〝消費は美徳〟の価値観

貯蓄せずにお金を使う米国人

米国人の消費意欲は旺盛です。第1章で、日本のGDPの約50％強が家計の支出（個人消費）によって支えられていると説明しましたが、米国では個人消費がGDPの約70％を支えています。世界のGDPの約4分の1を占めるのは米国ですから、これは世界全体のGDPの約17％に当たるほどの規模です。ただ、単純に100分の17という数字的な大きさだけで捉えてはいけません。今、米国経済は世界各国の経済と深くかかわり合っていますから、世界中に及ぼす影響は17％という数字以上に大きいのです。まさに米国の個人消費は世界経済の牽引役といえるでしょう。

このように、国内のみならず世界の景気にも大きな影響を与える米国の個人消費は、どのように読み解けばいいのでしょうか。

まず着目したいのは、**貯蓄率**です。この指標は、可処分所得のうち使わずに貯金する割合（貯蓄する金額÷可処分所得×100）と定義されています。

米国は消費を美徳とする国です。米国人はお金を稼ぐと、ほとんど貯金せずに使ってしまいます。私が米国に留学していたとき、こんなエピソードがありました。同級生の中で誰が就職活動を終えたか、話を何も聞かなくても分かるのです。なぜならば、就職先が決まった同級生の自動車が変わるからです。

日本では就職が決まった段階で自動車を買い替える人など、ほとんどいません。一般的には、就職してある程度の収入を得るようになってから購入を検討するでしょう。しかし、米国では就職先が決まって1週間以内に自動車を買い替える人が少なからずいます。将来のキャッシュフローを見越してどんどん消費するのです。

このように、景気が拡大しているときは多くの人が安心してモノやサービスを購入するので、貯蓄率は低くなります。住宅バブルを謳歌《おうか》していた2006～2007年前半には、2～3％の水準が続いていました。逆に景気の先行きが不透明になってくると、危機意識が強まり、すぐに貯蓄し始める傾向があります。米国の貯蓄率は景気に敏感に反応するのです。

図表2-10　米国・貯蓄率の推移

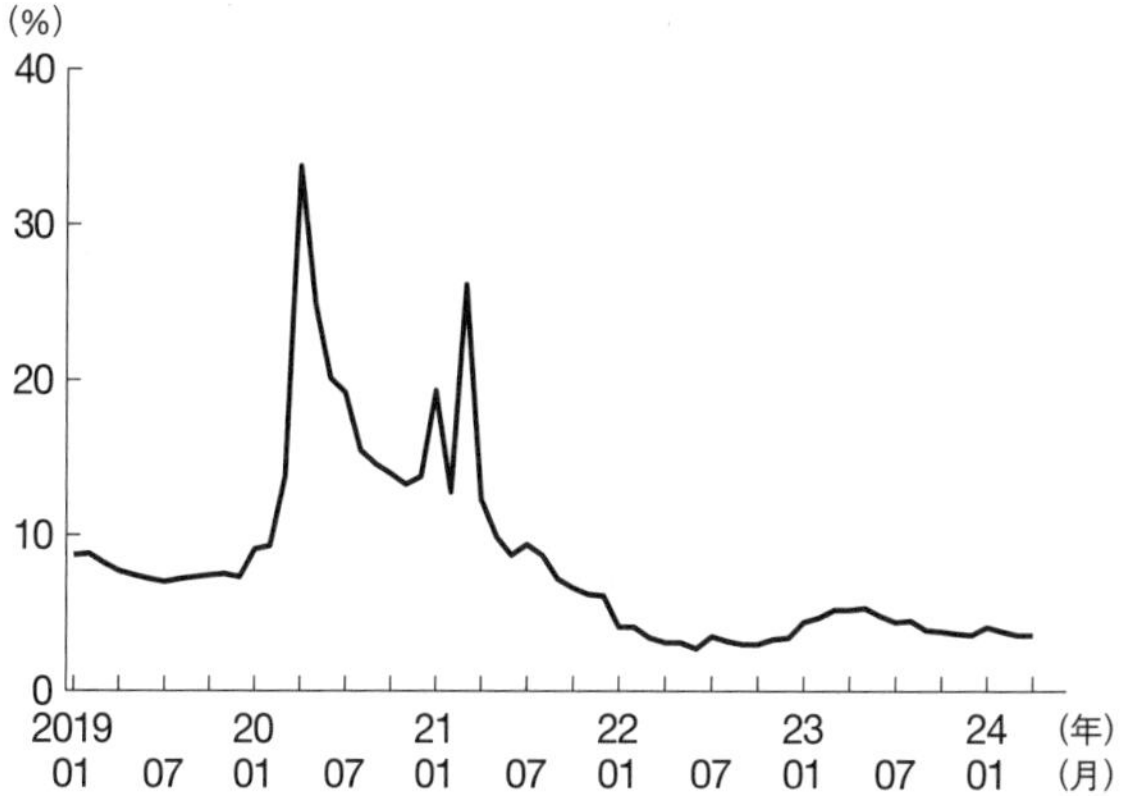

［出所］　米商務省

それでは、コロナ禍から現在に至るまでの貯蓄率の動きを見てみましょう。コロナ禍前である2019年はほぼ7%台で推移していました。そして新型コロナウイルスの感染拡大が始まった2020年は、1月、2月は9%台でしたが、3月は13・8%、4月は33・8%、5月は24・9%と一気に上昇しました。消費意欲旺盛な米国人が、可処分所得の3分の1を貯蓄する事態となったのです。ちなみに、この時期は第1章でも見たように失業率も急上昇していました。消費を美徳とする米国人ですが、「先行きが見えない、生活が危ない」と思ったら、すぐにお金を使わなくなるのです。

先にも触れましたが、米国ではGDPの約7

割を個人消費が支えているわけですから、消費が減少すればＧＤＰは大幅に落ち込みます。２０２０年1～3月期の実質ＧＤＰは5・3％減、4～6月期は28・0％減と、すさまじい勢いで経済が悪化しました。

その後の貯蓄率を追うと、２０２０年後半から徐々に低下していき、12月は13・8％。２０２１年は3月に26・1％と上昇しましたが、これは先ほどの解説にもあったようにバイデン政権で１４００ドルの現金給付が実施されたからです。

２０２１年以降は順調に下がっていき、ついに２０２２年3月に3・4％まで下がりました。その後も3～4％台で推移しています。コロナ禍前よりも低い水準です。これまでＧＤＰ、雇用統計、インフレ率などを見てきましたが、貯蓄率から見ても米国経済は２０２４年に入り少し弱い面が見えるものの回復基調が続いているといえるでしょう。

余談ですが、米国には「キャッシュアウト」という仕組みがあります。米国人は景気が良くなり自分の家の価格が上がると、住宅ローンを借り換えます。例えば40万ドルで購入した家の価格が50万ドルに上がると、その差額10万ドルを担保にして、新たにお金を借ります。家を買い替えるのではなく、ローンだけを借り増しして、それを現金化するのです。

住宅価格が上がるときは景気も良く、借りた人の収入も増えますから、「将来のキャッシュフローでローンを返せるだろう」と考えて、お金をどんどん借りていきます。米国人は、こうして借り増ししたお金で買い物や旅行をするのです。消費を美徳とする米国ならではの仕組みだといえるでしょう。

このキャッシュアウトは、2008年9月のリーマン・ショックの原因となった「サブプライムローンバブル」のときにも起こりました。通常なら借りられない人にも低利のローンを貸し出すので住宅需要が増え、その価格が上がり、それによりキャッシュアウトして消費する人が増え、余計にバブルが広がったということがありました。消費が美徳という米国では、バブルが加熱しやすいともいえます。

貯蓄が大好きな日本人？

一方、日本の**貯蓄率**はどのぐらいあると思いますか。

「5％ぐらい」「米国よりはるかに高いだろうから10％」など、さまざまな答えが出てくると思います。私の経験上、多くの人は自分の貯蓄率を答えます。

図表 2-11　日本・貯蓄率の推移

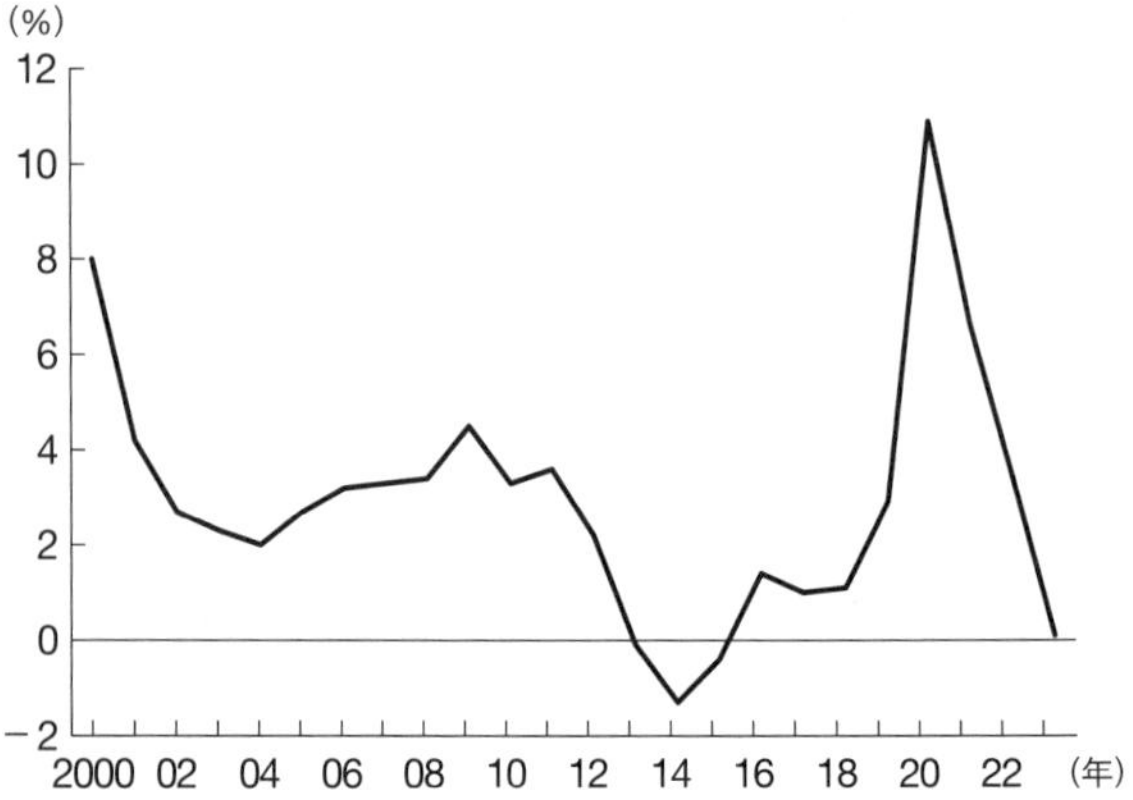

[出所]　内閣府

正解は、0％（2023年）です。意外と低いと思われた方が多いのではないでしょうか。

なぜかというと、日本の人口構成の問題があるからです。一般的な勤労世帯では、確かに貯蓄率は10％程度あります。ところが、今は高齢者世帯が多くなり、貯蓄を取り崩して生活している人が増えてきたのです。貯蓄を取り崩すということは、その分貯蓄率は下がります。

日本は少子高齢化が急速に進んでおり、若年層が減っています。さらに、若年層は賃金が上がりにくくなっていますから、なおさら貯蓄率は上がりにくい。将来的には貯蓄率のマイナスが続くのではないかと考えられています。

この指標は基本的には、米国の貯蓄率と同

様、消費者の将来不安が高まると上昇し、逆に将来の見通しが明るく、消費が活発になると下降する傾向があります。ただ、日本の場合は貯蓄を取り崩して生活する高齢者層が増えていくので、長いスパンでのトレンドも見ていく必要があります。

個人消費が旺盛な米国、低調な日本

繰り返しになりますが、個人消費（家計の支出）は日本はGDPの50％強、米国ではGDPの約70％を支える重要な要素です。特に米国の個人消費は、世界のGDPの約17％を支えていると説明しました。この指標は景気の動向を見極めるためにもっとも大切な指標の1つですので、詳しく解説していきたいと思います。

まずは米国から見ていきます。米国の個人消費の動きを調べる場合、私は個人消費支出（前月比）、消費者信頼感指数の2つの指標に注目します。

個人消費支出とは、国内の家計の中に占める財やサービスの購入金額を集計した指標で、米商務省が毎月公表しています。PCE（Personal Consumption Expenditures）と呼ばれることもあります。

図表 2-12　米国・消費者信頼感指数の推移

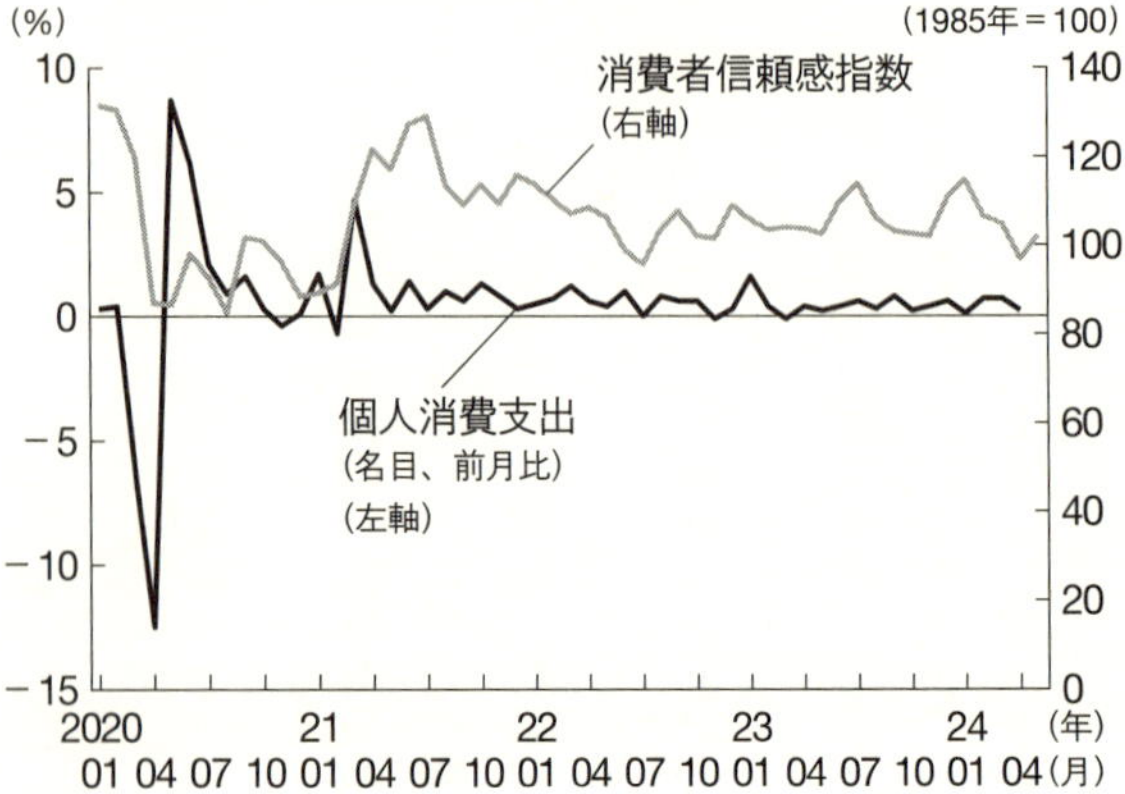

［出所］　米商務省、米コンファレンス・ボード

消費者信頼感指数は、米国内の消費者マインドを示す指標です。民間の調査機関であるコンファレンス・ボードが、全米の約5000世帯を対象にアンケート調査を行い、景気、雇用、家計所得に関する現状と半年後の予想をまとめて毎月下旬に発表します。雇用統計ほどではありませんが、市場関係者の間でかなり注目されている指標の1つです。これは、1985年の水準を100として指数化したものです。

コロナ禍が始まった2020年に入ると、個人消費支出は前月比で3月6・6%減、4月12・5%減と急速に悪化。消費者信頼感指数は、3月は120・0と前月より微減だったものの、4月86・9、5月86・6と大幅に落ち込みました。その後、個人消費は5月8・7％増、6月6・2％増、7月2・1％増。消費者信頼感指数も9月には100を超える水準まで上昇しました。

2023年は、個人消費は前月をわずかに上回る水準が続き、消費者信頼感指数も100を超えています。高水準とまではいえませんが、コロナ禍明けとしてはまずまずの数字で、順調に伸びているといえるでしょう。

注目すべきは12月です。消費者信頼感指数が2023年12月に110・7、2022年12月も109・0と一時的に高くなっていますね。米国では11月末のサンクスギビング（感謝祭）から12月のクリスマス商戦までの時期がもっとも消費意欲が高まるのです。この時期にどのぐらい消費が伸びるのかが特に注目されているので、注意して見るようにしてください。

「現金給与総額」が伸びても「消費支出」が伸びない理由

米国は個人消費が順調に回復してきたことが分かりましたが、日本ではどうでしょうか。

日本の個人消費を調べるときは、**消費支出2人以上世帯**という指標を見ることは先に説明しました。この数字は、総務省が約8000世帯（単身世帯を除く2人以上の世帯）を対象

図表 2-13　消費支出2人以上世帯の推移

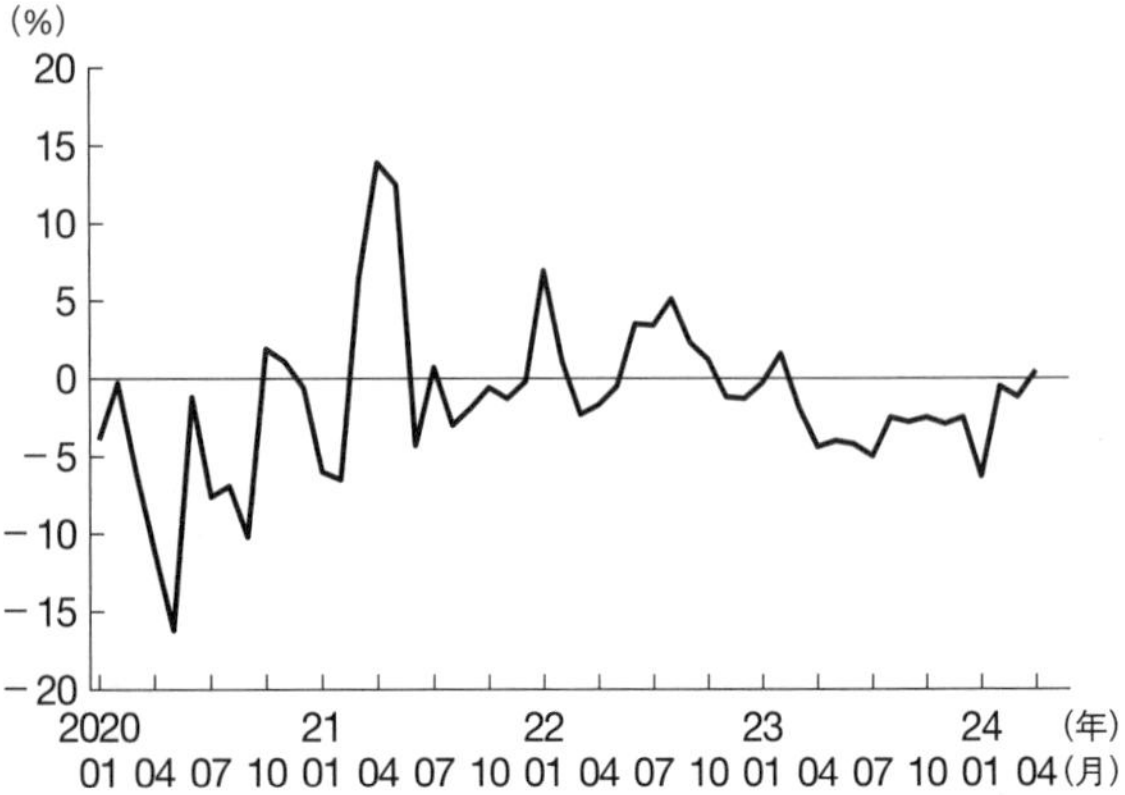

［出所］　総務省

に、毎月のモノやサービスの購入金額を調査し、1世帯当たりの支出金額を計算したものです。社会保険料や税金は含みません。総務省では単身世帯の調査も同時に行っていますが、新聞やニュースなどで主に報道されるのは2人以上世帯の前年比の増減率の数字です。

2020年はコロナ禍に突入した年でしたから、4月に前年比11・1%減、5月は16・2%減と大幅に悪化しました。翌年の2021年に、4月13・9%増、5月12・5%増と大きく伸びていますが、これは「前年同月比」の数字なので、前年同月に大幅に減少すると翌年は大きな増加になりやすい傾向があります。

さらに2023年の推移を追うと、2月を除

図表 2-14　現金給与総額、実質賃金の推移（前年比）

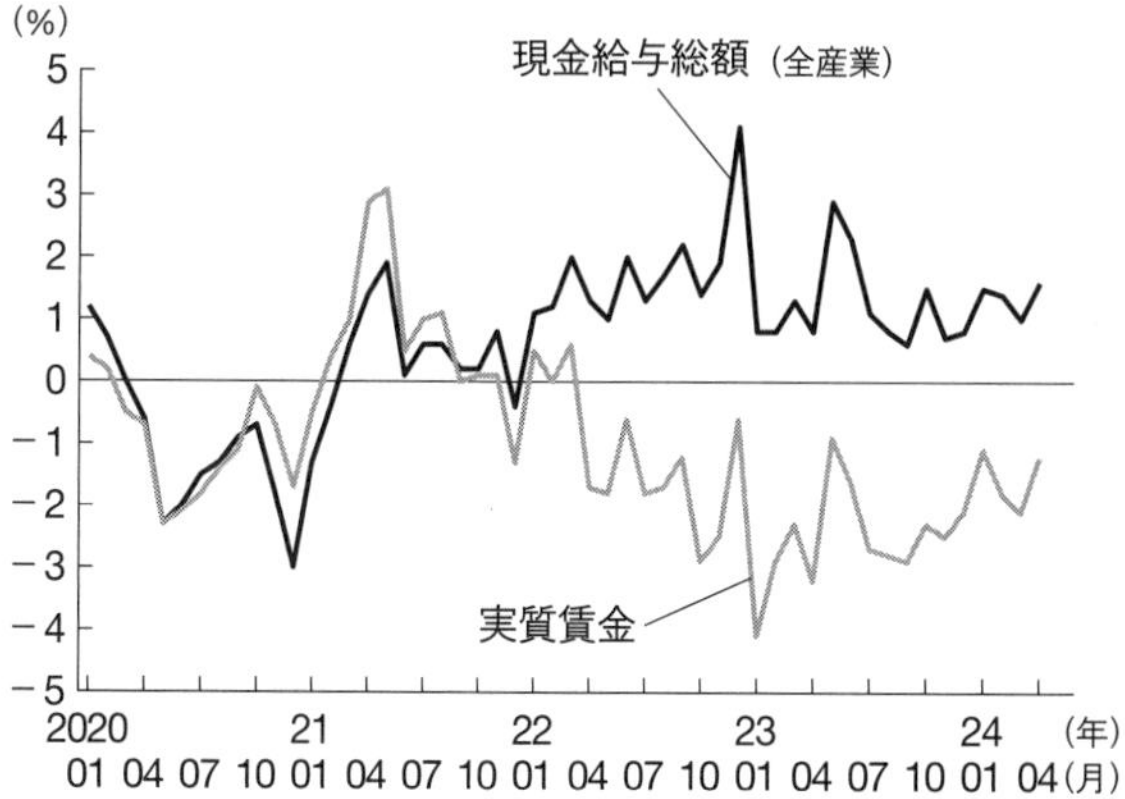

［出所］厚生労働省

いてずっとマイナスの数字が続いています。米国は消費が伸びている一方で、日本は減少し続けているのです。なぜでしょうか。

ここが日本の大きな問題です。もうお分かりの方もいると思いますが、実質賃金が減少しているからです。

皆さんの給料の増減を示す指標として、**現金給与総額**があります。現金給与総額と聞くと、あたかも日本中の給与の総額のように感じられるかもしれませんが、この数字は1人当たりの給与の総額を示していることに注意してください。

現金給与総額の推移を見ると、2021年以降、前年同月比でほぼプラスの数字が続いています。特に2022年、2023年はプラス幅が少し拡大していますね（図表2－14）。この数字だけを見ると、私たちの給与が増え続けているように感じます。

しかし、実際はどうでしょうか。ここで見落としてはならないのは、**名目賃金と実質賃金**の違いです。名目賃金とは現金給与総額の金額そのものを指し、一般的に目にするような額面で示される賃金です。一方で実質賃金は、物価変動の影響を差し引いて算出された賃金です。当然のことながら、賃金の額面が同じでも、物価が上がれば購入できるモノやサービスは減ります。逆に物価が下がれば、購入できるモノやサービスは増える。実質賃金は購買力を表し、個人消費の動向に直接影響するのです。

では、図表2－14で実質賃金の推移を見てください。2022年4月からマイナスが続いていることが分かります。これだけ購買力が落ちているわけですから、個人消費も伸びないのは当たり前です。

ただ、2024年は大企業を中心に賃上げの機運が高まりました。連合の集計によると、4月16日までに回答があった約3000社の平均の賃上げ率は、定期昇給分を含めて5・20％。このうち300人未満の中小企業約2000社の平均の賃上げ率は4・75％となりました。これによって6月に27カ月ぶりに実質賃金がプラスに転じました。そして、それが続くのか。ここが、日本経済が正常化できるかどうかの大きな分かれ目です。

もし実質賃金が上昇し始めたら、景気回復の持続性は強いでしょう。反対に実質賃金のマイナスが続いたら、元の木阿弥でデフレ傾向となる可能性もあるでしょう。インフレが残り景気が後退する「スタグフレーション」という最悪の事態だけは避けたいものです。

7　インフレ率で分かる中国経済の異常

不動産不況でインフレ率が下がっている

日米のインフレ率や個人消費、賃金などの指標を中心に見ながら、景気の動向を解説してきました。ここからは、デフレ懸念や不動産不況といったさまざまな問題を抱える中国経済を見ていきたいと思います。

先ほど、インフレ率は「経済の体温計」と説明しました。大幅に上昇しても、逆に下降してもよくありません。また、緩やかでも下がり続けては健康を害してしまいます。中央銀行

図表 2-15　中国・消費者物価指数の推移

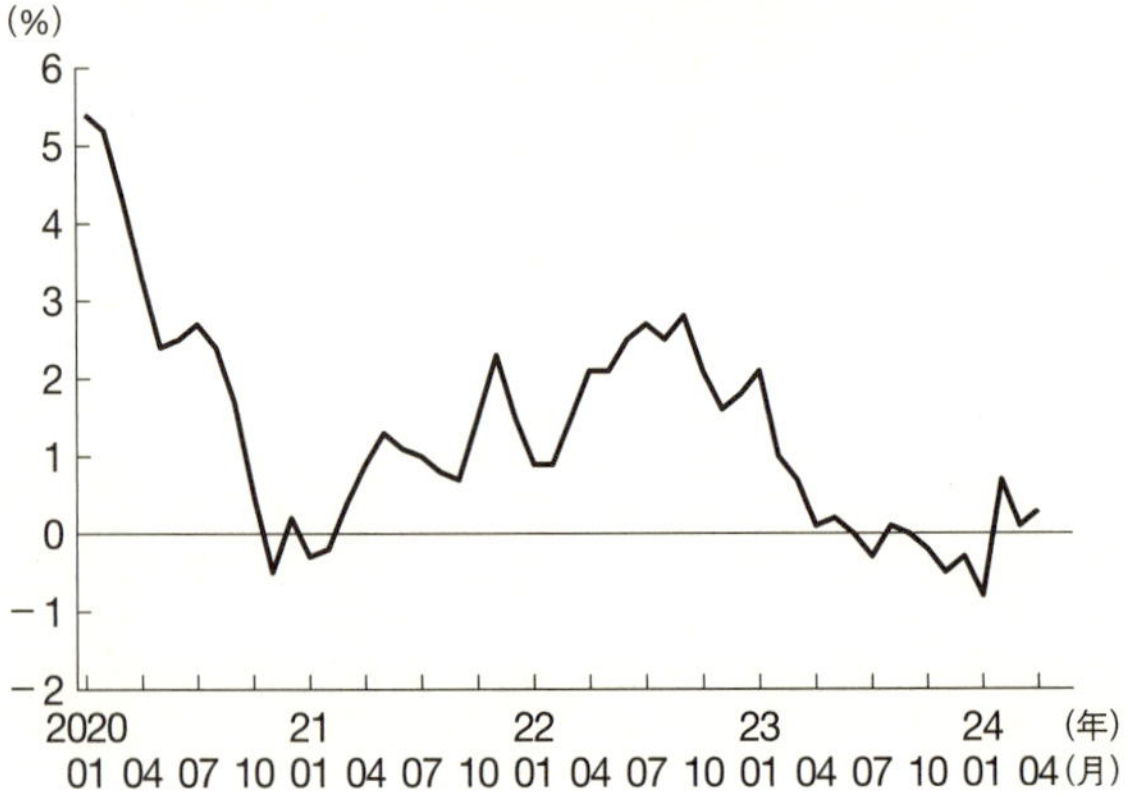

［出所］ 中国・国家統計局

が目標とするインフレ率を安定的に維持することがベストとされているのです。

では、中国のインフレ率（**消費者物価指数**［前年比］）を見てみましょう。２０２３年10月からマイナスの数字が続き、２０２４年１月はマイナス０・８％、２月はプラス０・７％、３月は０・１％となっています。先ほど解説したように、日本は２％程度、米国は３％超、欧州は２％台でしたから、中国だけかなり低い水準だということが分かります。

なぜ、中国のインフレ率は低いのでしょうか。コロナ禍の経済対策として過剰な投資をし供給過剰だという理由もありますが、大きな要因は不動産不況です。

中国の不動産市場は長い間右肩上がりで成長していましたが、2021年あたりから主要都市を中心に急速に悪化しました。販売面積も販売額も、伸び率が大きくマイナスになっています。

中国の不動産市況が悪化する原因となったのは、習近平政権が進めた「腐敗撲滅」に続いた「共同富裕」でした。習近平氏は貧富の格差を是正し、すべての国民が豊かになることを目指す共同富裕を実現しようとしていました。取り組みの事例をいくつか挙げると、まずは家庭の収入格差による教育水準の変動を是正すべく学習塾に対する締め付けを強化しました。いわゆる学習塾規制です。富裕層では月数十万円もの塾代を支払っていたのです。塾の新設禁止、既存塾の非営利化、塾講師や家庭教師の休日中の指導禁止、北京や上海で授業料の上限設定といった政策が打ち出されました。

さらに影響が大きいものとして、不動産融資規制が挙げられます。中国では2021年にかけて空前の不動産バブルが起こっていました。富裕層は住みもしない住宅を投機のために購入していたため、住宅価格がどんどん上がっていったのです。上海や北京などの都市部を訪れると、高層マンションが立ち並んでいますが、夜になってもほとんど明かりがついてい

図表 2-16　中国の住宅価格と価格下落都市数の推移

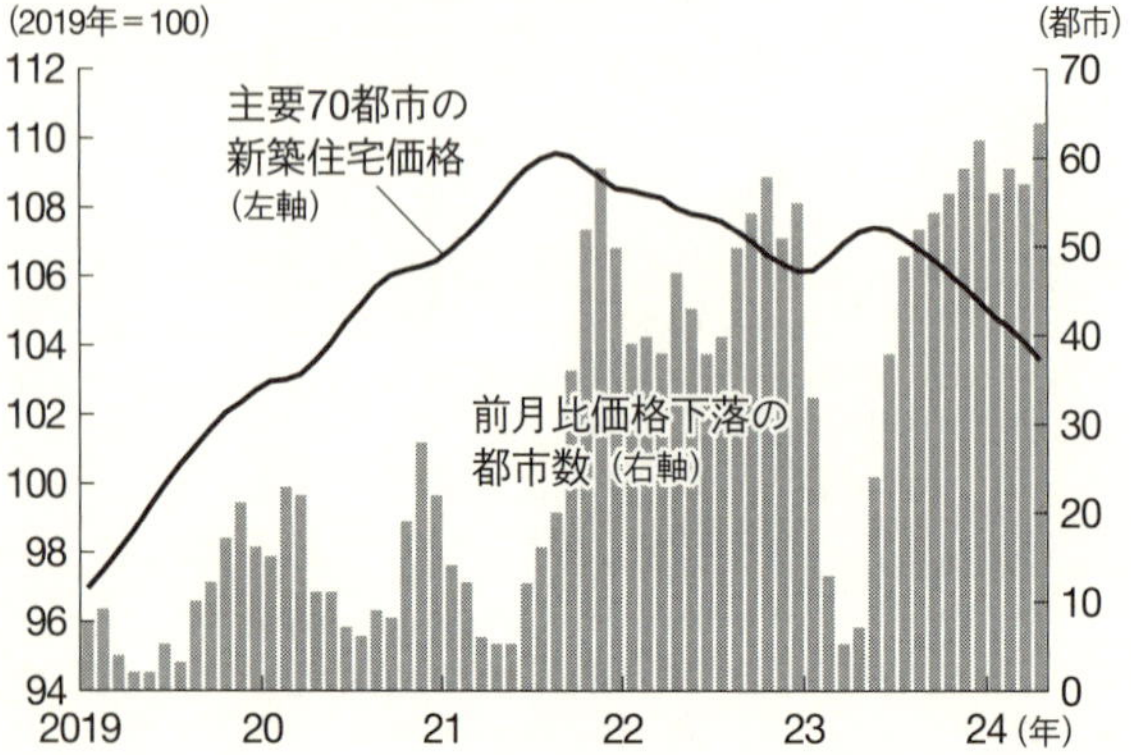

［出所］ CEICをもとに日本総合研究所作成

ないところがあります。誰も住んでおらず真っ暗なゴーストタウンとなっているのです。

先にも触れましたが、習近平政権は共同富裕を目指しています。もっと本質的なことをいうと、最大の政策目的は共産党一党独裁体制の維持です。そのためにも、これ以上貧富の差が開いてしまうことは絶対に避けなければなりません。

そこで、習近平氏は国内の格差を是正するために、「住宅は住むためのものであって、投機の対象ではない」と主張し、住宅市場の健全化に取り組み始めました。不動産に資金が流れないように、不動産融資規制を実施したのです。

その結果、多くの不動産企業が債務不履行（デフォルト）に陥りました。もっとも大きな影響を与えたのは、２０２１年に経営危機が明るみに出た不動産開発大手、恒大集団です。さらには業界1位の碧桂園（カントリーガーデン）も経営不振が強まっています。中国の不動産バブルが崩壊して金融市場に大きな影響が出るのではないかと、世界中の市場関係者が固唾をのんで見ています。

隠れている巨額の融資

もう1つ、ややこしい問題があります。中国は共産主義国ですから、国内の土地はすべて国のものです。そのような状況で地方政府がどのようにお金を稼いでいるかというと、土地を企業や個人に貸すことによって賃貸料を得ているのです。もちろん土地の開発が進むほど、収益も増えていきます。

一方、地方政府が開発の際に資金が足りなくなると、地方債を発行しなければなりません。これには中央政府の規制がかかります。そこで考え出されたのが「地方融資平台」です。融資平台とは、地方政府が傘下に置く投資会社で、「平台」はプラットフォームを意味します。

地方政府は、中央政府が認可した地方債を発行する以外の資金調達ができませんでした。地方債の発行は、財政破綻を防ぐために中央政府が強い権限を握って厳しく監査していますから、地方政府としては地方債の発行だけでは資金不足になってしまいます。そこで、新たな資金調達手段としてつくり出したのが融資平台です。融資平台が資金を調達し、公共事業や土地開発を実施することで、地方経済は支えられてきました。

こうして地方政府が開発を進めるほど、収入が増えるようになりました。不動産開発企業も協力するようになり、開発規模はどんどん大きくなっていったのです。

この仕組みはうまく回っているように見えますが、実際のところはどうでしょうか。実は、大きな問題が明らかになりつつあるのです。

融資平台は、「シャドーバンキング（影の銀行）」ともいわれています。シャドーバンキングとは、通常の銀行融資を受けられない相手に、高金利でお金を貸し借りする取引のこと。特に地方政府や信用力の乏しい企業などが、お金を調達するために利用します。

融資平台はシャドーバンキングですから、実際のところ、どのぐらいの融資残高があるのか分かっていません。一説では日本円で2000兆円にも上るといわれています。これらがすべて不良債権になることはないでしょうが、かなりの部分は地方政府や不動産企業が借りているということなので、もし返済不能に陥ると、中国全体の金融システムに大きな影響を及ぼします。さらには、資金の流入が止まると、投機対象である不動産市況にも大きな影響が出てしまう恐れがあるのです。

もちろん、中国経済に大きく依存する日本経済や、中国の貿易相手国である米国や欧州の経済へのダメージも避けられないでしょう。

中国の不動産バブル崩壊で何が起こるのか

もし、中国のシャドーバンキングによるバブルが崩壊した場合、どのようなことが起こるのでしょうか。

日本でバブル崩壊が起こった1990年代前半、当初は国内では「不良債権の総額は約20兆円」といわれていました。しかし、国際ニュース誌「Newsweek」では100兆円と報じていました。それに対して日本の市場関係者たちは「100兆円なんてありえない」と思っていたのですが、その後、金融機関が処理した不良債権の総額は100兆円に上ったのです。

それだけでは終わりません。みなさんもご存じの通り、バブル崩壊後に日本が陥ったのは「失われた30年」でした。

100兆円規模の不良債権でも、日本経済は大きなダメージを負いました。一説には1000兆円ともいわれる中国の不良債権のうち数百兆円でも焦げついてしまったら、中国経済のみならず日本経済も無傷ではいられないでしょう。

しかし、中国政府もこの問題の深刻さはよく分かっています。もし、そんな経済崩壊がやって来て、日本と同じように中国にも「失われた30年」が到来したら、どんなことが起こるのか。中国が56の民族からなる複雑な多民族国家であるにもかかわらず、なんとか共産党一党独裁体制を維持できていたのは、右肩上がりの経済成長が続いていたからです。これこそが中国の求心力だったともいえます。

その中で経済が成長しなくなってしまったら、共産党は求心力を失い、中国各地で動乱が起こり、一党独裁体制が崩れてしまう恐れがあります。そうなる前に、中国政府は不動産バブルの問題に何らかの対処をしたいと考えています。しかし、不動産融資規制を緩めると、今度は共同富裕から遠ざかってしまう。習近平政権は今、非常に難しい舵取りに迫られているといえます。

中国政府はこれからどうするのか。ここで私が懸念しているのは、求心力を得るために中国が対外的に強硬手段に出てくる可能性です。具体的にいうと、台湾への軍事的圧力です。

ただ、米国のバイデン大統領は「中国が台湾に侵攻するなら、台湾防衛のために軍事的に関与する」と明言しています（数度の同様の大統領の発言の直後に、政府見解としては否定しています）。万が一、これが現実化すると、中国は自国が戦場になる可能性があるわけですから、安易に台湾に侵攻することは考えられません。

しかし、もし2024年11月に控える米大統領選挙でトランプ氏が勝利したら、少し風向きが変わってきます。トランプ氏は「アメリカ・ファースト（米国第一主義）」をうたっていますから、「台湾の問題には関与しない」と言いかねません。すると、中国による台湾侵攻の可能性にも影響するでしょう。

このように中国は今、経済的な側面でも軍事的な側面でも非常に微妙なところにいるのです。

中国がこれからどのように動いていくか。そこを判断するには、経済の体温計であるインフレ率の動きが正常に戻るかどうかが重要な注目点となります。

今後、中国経済が回復基調に戻るかどうかを判断するのは非常に難しいところです。私は多少は戻ると見ていますが、これまでのような実質年率6％を超えるような成長を続けるのは難しいのではないでしょうか。

中国は長い間「一人っ子政策」を行ってきたため少子高齢化が進んでおり、人口減少時代に突入します。人口が減少すれば、当然のことながら中長期的に経済が減速していくトレンドに入っていきます。さらにいえば、景気が減速すると格差の問題がクローズアップされますから、なおさら動乱が起こりやすくなるのです。中国の経済指標とともに、習近平政権が打ち出す政策にも注意する必要があります。

第3章

個別業種から見る経済の流れ

第1章、第2章で国内外の経済の大きな流れを読み解いてきました。ここからは少しミクロな視点に移り、個別業種から見る経済の流れについて説明します。注目の観光業界や半導体業界、高度経済成長期から今に至るまで日本経済を支えてきた鉄鋼業界、また、不動産業界を取り上げます。それから米国経済を読むうえで大変重要となる米不動産市況、米自動車業界についても説明していきます。

1　旅行業界のコロナ禍からの回復――「旅行取扱状況」

壊滅に近かった旅行業界

新型コロナウイルスの感染拡大によってもっとも大きなダメージを受けた業界の1つに、旅行業界が挙げられます。当時はどのような状況だったのでしょうか。そして今はどのぐらいまで回復しているのでしょうか。

旅行業全体の動向を調べるには、**旅行取扱状況**という指標を見ます。これは国土交通省が主要な旅行業者約40社の取扱金額を集計し、月ごとに発表している数字です。国内旅行と海

図表3-1　旅行取扱状況の推移

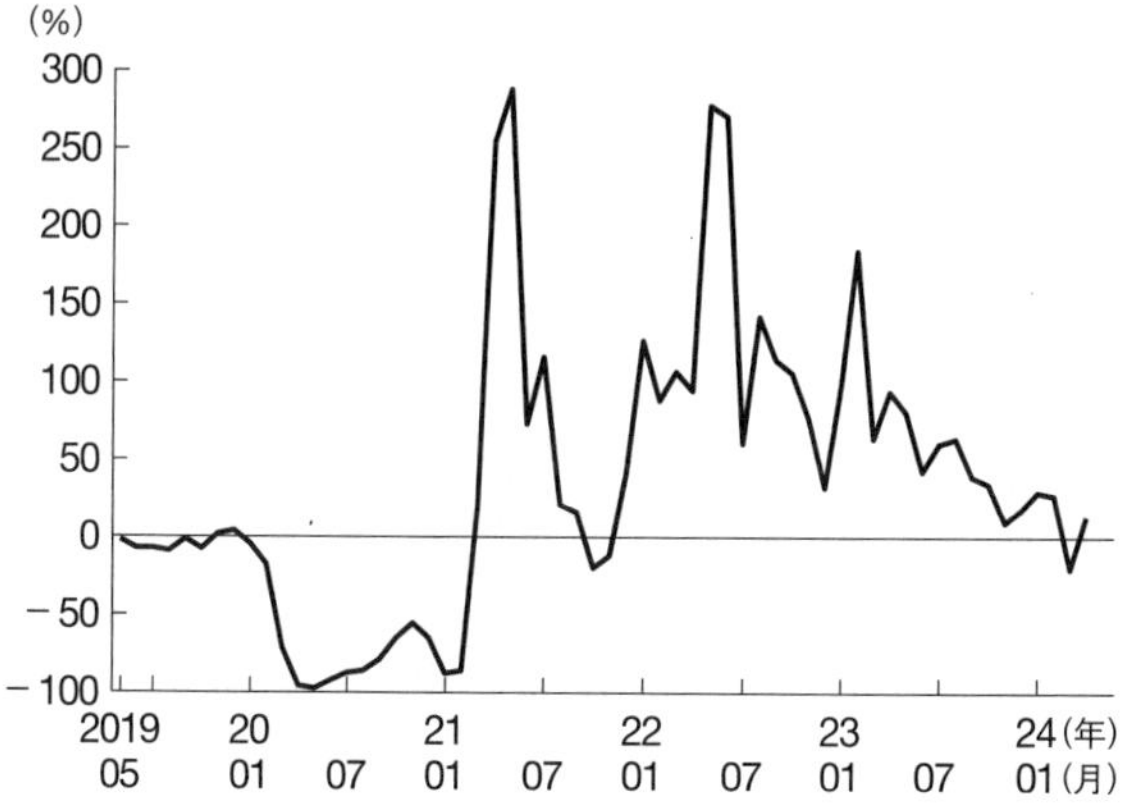

［出所］　国土交通省

外旅行の両方が含まれています。

旅行はビジネスニーズもありますが、個人旅行の多くは不要不急のものですから、不況になるとすぐに落ち込む傾向があります。さらにコロナ禍ではそういった理由に加えて感染リスクや自粛要請もありましたから、旅行の取扱高はこれまでにないほど落ち込んでしまいました。

２０２０年の旅行取扱状況を見ると、２０２０年１月は前年比４・４％減です。世界各国で新型コロナウイルスの感染が報じられたことで、海外旅行が減少し始めていました。さらにその影響は急拡大します。２月17・７％減、３月71・４％減、４月95・８％減、５月97・４％減、６月92・２％減。もはや旅行業界は壊滅に近い状況に陥ったのです（5月の97・4％減というのは、言うまでもなく前年の2・6％しか売り上げがないということです）。

コロナ禍直前の2019年、訪日客（インバウンド）の数は3188万人と過去最高を更新しました。翌年の2020年は東京五輪を控えていましたから、この数字はさらに伸びるだろうと期待が高まっていました。それが予期せぬ感染症の拡大により、各国は感染防止対策として入出国を規制します。国内旅行、海外旅行ともに一気に消滅してしまったのです。

その過程で、特に海外旅行の依存度が高い旅行大手ＨＩＳは、虎の子であるハウステンボスを売却せざるをえないところまで追い込まれました。近畿日本ツーリストの親会社である近鉄グループホールディングスも保有するビルなどを売却することで、なんとか組織を維持しました。

観光庁は瀕死の旅行業界を救済するため、2020年7月から「GoToトラベルキャンペーン」を実施します。しかし、この政策は国内旅行に限られたため、海外旅行はほぼゼロです。国内旅行は微増となったものの、全体の旅行取扱状況は前年比で7月87・3％減。8月以降も大幅な減少が続きました。

さらに2021年の数字を追うと、3月には前年比21・3%増、4月254・7%増、5月288・4%増と大きく伸びています。しかし、これは数字のマジックであることに気をつけてください。この数字は前年同月比ですから、前の年に大きく落ちると翌年の数字が伸びやすくなるのです。先にも触れたように、2020年5月が97・4%減ということは、2019年5月を100とすると2・6になりますから、2021年5月が288・4%伸びたところで2019年同月と比べると10・1にしかならないのです。

ようやくコロナ禍前に近づいてきたのが、2023年です。インバウンドは2506万人でコロナ禍前である2019年の約8割まで回復。さらにはインバウンドの消費額は5兆2923億円で過去最高に達しました。円安も相まって、インバウンドが著しく回復してきたのです。

直近である2024年2月の旅行取扱金額は、海外旅行（アウトバウンド）は対2019年同月を100とすると約66、インバウンドは約79、国内旅行は約88となりました。そして3月には、インバウンドが308万人と単月では2019年の水準を上回りました。

中国からの訪日客の動向に注意

では、旅行業は今後、どのように推移していくのでしょうか。ポイントは、中国人観光客の動向です。

新聞を読んでいると、旅行の広告が出ているのを目にします。しかし、中国への旅行の広告はほとんど見当たりません。

なぜでしょうか。かつては日本人が中国に15日間以内の短期滞在をする際、ビザ（査証）取得の免除措置がありました。しかし、中国政府は新型コロナウイルスの感染対策として2020年3月にビザ免除措置を停止し、4年以上が経過した2024年7月現在でも再開のめどは立っていません。

一方で、中国から日本への観光客数はどうでしょうか。先ほども述べたように、2024年3月のインバウンドは308万人に上り、前年同月比では69・5%増、コロナ禍前である2019年同月比では11・6%増となりました。単月としては過去最高の数字（当時）です。しかし、そのうち中国からの客数は45万人。2019年同月比では34・6%減です。

これは、中国国内の景気低迷に加え、2023年8月から始まった東京電力福島第一原発の処理水の放出が問題となっていることも挙げられます。中国から日本への団体渡航は2023年8月から認められましたが、この問題によって出鼻をくじかれることとなりました。

このようにさまざまな原因から、インバウンドが過去最高を記録していても、中国からの訪日客数はコロナ禍前の水準まで回復していません。今後、中国経済が回復してきたうえで、処理水の問題が解消し、さらにビザ免除措置が再開すれば、日本から中国へ、そして中国から日本への旅行客数が大幅に増えるはずです。中国の動向には注意し続ける必要があります。

一方で、インバウンドが増えれば、今以上にオーバーツーリズムの問題が深刻になるでしょう。インバウンドが増えた大きな要因は、コロナ禍の影響がなくなったことと円安です。インバウンドが増えるのは喜ばしいことなのですが、外国人観光客が日本国内、特に観光地に集中すると、観光地の交通の混雑とともに、需要と供給の関係から現地のサービス業や小売業が価格を上げる可能性があります。外国人観光客に合わせた値段になっていくということです。

すると、地元の住民や日本人観光客にとっては大幅な値上がりとなり、モノやサービスを買えなくなってしまいます。実際、すでに一部のホテルでは大幅な値上げをしていて、出張がしにくくなっているケースも少なくありません。

そこで一部の飲食店では、日本人や在日外国人向けの価格とは別に、外国人観光客向けの価格を設定した二重価格を実施しています。また、一部の観光地では入域税、入島税なども取るようになりました。そもそもの話をすると円安を是正することが本質的な解決になるのですが、短期的に二重価格は必要な対策だと思います。

観光業によって日本経済が潤うのは喜ばしいことですが、それによって地域の住民が損をするのは本末転倒です。日本や日本経済は一義的には日本に住む人のためにありますからね。オーバーツーリズムの問題が深刻化しつつある今、早急な対策が必要不可欠です。

2　円安で急回復する百貨店――「全国百貨店売上高」

ぜいたく品の売れ行きが分かる

旅行業と同じく、コロナ禍で大きなダメージを受けた業種の1つに百貨店業が挙げられま

図表 3-2　全国百貨店売上高の推移

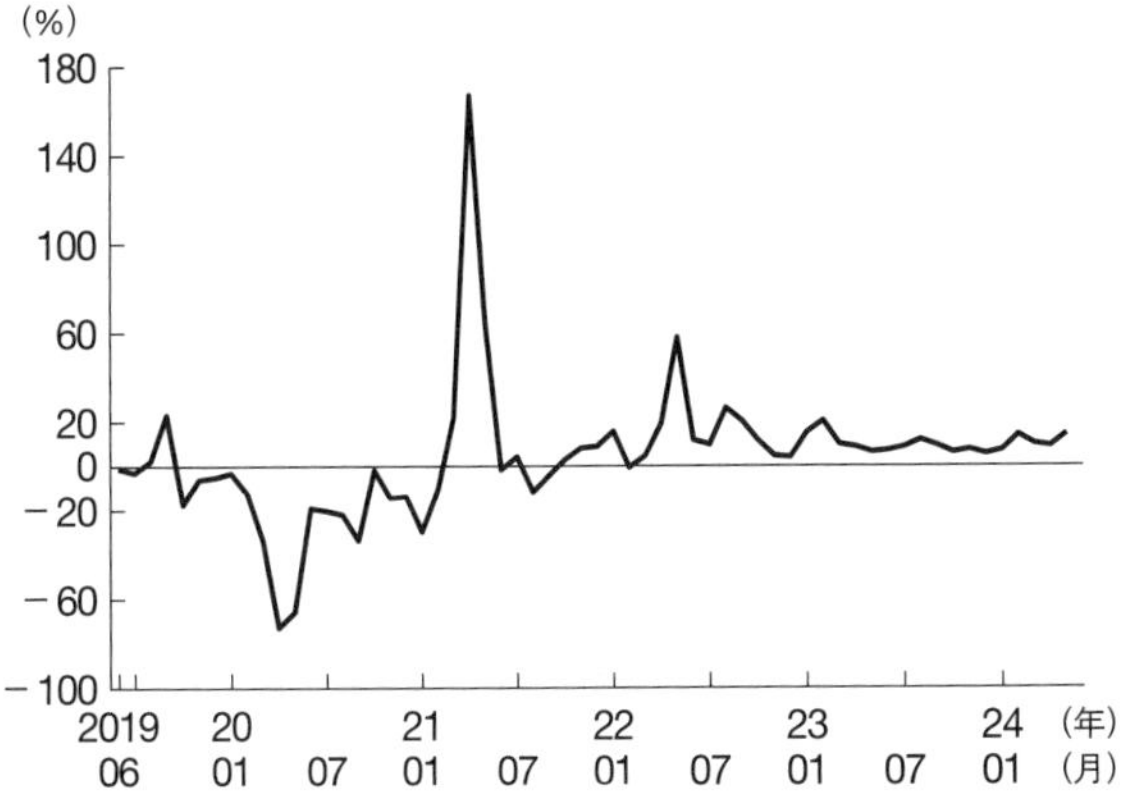

［出所］　日本百貨店協会

す。百貨店業界の動向を示す**全国百貨店売上高**は、日本百貨店協会が全国各地のデパート（百貨店）の売上高を集計し、毎月発表している数字です。

これは、かつては消費動向を示す代表的な指標とみなされていました。しかし、最近では量販店やディスカウントストアなどの台頭、ネットショップの増加などによって、百貨店の売り上げは年々減少傾向にあり、消費全般を示す指標というよりはぜいたく品の売れ行きを表す指標とされています。

この「ぜいたく品の売れ行き」という点がポイントです。百貨店は生活必需品ではなく、不要不急のぜいたく品を売っていますから、不景気によって給料が減り、人々が買い控えをするようになると、百貨店の売り上げは大きく落ち込みます。景気の悪化に敏感に反応する指標の1つといえるでしょう。

早速、全国百貨店売上高の動きを見ていきます。2019年は、10月は前年比17・5%減、11月6・0%減、12月5・0%減と、大きな減少が続いていました。10月は消費税率の引き上げにともなう駆け込み需要の反動があったのです。11月、12月も、特に高額商品を中心に増税の影響が残りました。

このように低調が続く中で、新型コロナウイルスがやって来ました。2020年3月は33・4%減、4月は72・8%減、5月は65・6%減と大幅に落ち込んでいます。旅行業ほど落ちなかったのは、百貨店の地下の食料品売り場は緊急事態宣言中も閉鎖しなかったからです。ただ、やはり緊急事態宣言発出で店舗の大部分は閉館となり、また消費者の間で人混みを避けようとする意識が広がり、全体の売上高は大きく落ち込む結果となりました。

その後、コロナ禍の影響が弱まるにつれ回復が続き、2022年度には上位10店舗のうち6店舗が2019年度の売上高を上回ったと報じられました。ようやく都市部に人が戻り始めたことに加え、富裕層の消費が拡大したのです。コロナ禍で海外旅行などが制限されていましたから、富裕層の消費意欲が高額品に向かい、百貨店の売り上げを押し上げました。

さらに2023年にはインバウンド需要が急回復します。東京や大阪などの都心部の百貨店を中心に、外国人観光客による消費が急増しました。2023年2月には前年比20・4％増と大きく伸びました。

しかし、先にも触れたように、中国では景気が悪化したうえ、2023年8月から始まった福島第一原発の処理水放出問題があり、中国からの観光客は激減しました。同月から中国から日本への団体旅行が解禁されて観光客は増えていくはずでしたが、その見通しは外れてしまったのです。

その影響を差し引いても、百貨店のインバウンド需要は急速に伸びています。大手百貨店の2023年度の免税売上高は、過去最高を更新しました。外国人観光客の数が増えたことに加え、やはり円安によって高額品が売れたのです。

今後の注目点は、旅行業界と同じく、処理水問題や中国国内の不況によって伸び悩んでいた中国人観光客がいつ戻ってくるのかでしょう。ただ、中国人観光客数が回復してきたとしても、かつてのような爆買いはあまり期待できません。

今、中国では外貨の流出を抑えるべく、人民元の防衛に動いています。もともと中国では人民元が安くなりすぎるのを防ぐために、外貨の流出を抑えようとしていました。資金が流出して「人民元ショック」と呼ばれた2015年には、輸入関税の税率を引き上げたり、銀《ぎん》聯《れん》カードを使った海外での現金引き出し限度額を年間10万元（当時のレートで約160万円）に制限したりといった対策を打ち出していました。

さらには、先ほども解説したように、中国では成長が鈍化しているうえに不動産市況の悪化に歯止めがかからない状況ですから、富裕層は海外に投資し始めている可能性があるのです。日本の都心部のマンション価格が高騰している要因の1つには、投資目的で購入する中国人が増えていることもあります。

こういった事態に対し、中国政府は人民元の流出を食い止めなければならないと考えています。人民元の暴落など望むはずがありません。それを裏づけるかのように、1ドル＝7・3元の水準まで通貨安が進んでいた2023年10月の国慶節の前後には、中国が米国債を売って通貨安を食い止めようとしていたのではないかとの見方もあります。

しかし、中国国民が海外で人民元を使って（売って）いては、通貨安の傾向は変わりません。近い将来、中国政府は人民元の大量送金に制限をかける可能性があると私は予想しています。すると、かつて日本で起こっていた中国人による不動産投資も以前より減少していくかもしれません。したがって、中国人観光客数が回復してきたとしても、百貨店の売り上げに大きく貢献するかというと、もちろん少しは売り上げが増えるでしょうが、爆買いのピークだった2015年ほどの効果はない可能性があります。

百貨店は地域経済の活力のバロメーター

全国百貨店売上高を見ながら、コロナ禍から回復傾向が続いていることを解説してきました。しかし、そもそも百貨店という業態自体、特に地方では寿命が近いのではないかと私は懸念しています。

百貨店売上高の長期的な推移を見ると、1990年ごろをピークに悪化し続けており、2022年はピークからほぼ半減していることが分かります。特に近年、地方では百貨店の閉店が相次ぎ、県によっては百貨店が1つもなくなってしまったところもあります。

今回のコロナ禍でも、地方では閉店が続きました。経済力の弱い地方では、百貨店を支え

図表 3-3　全国百貨店売上高の長期的な推移

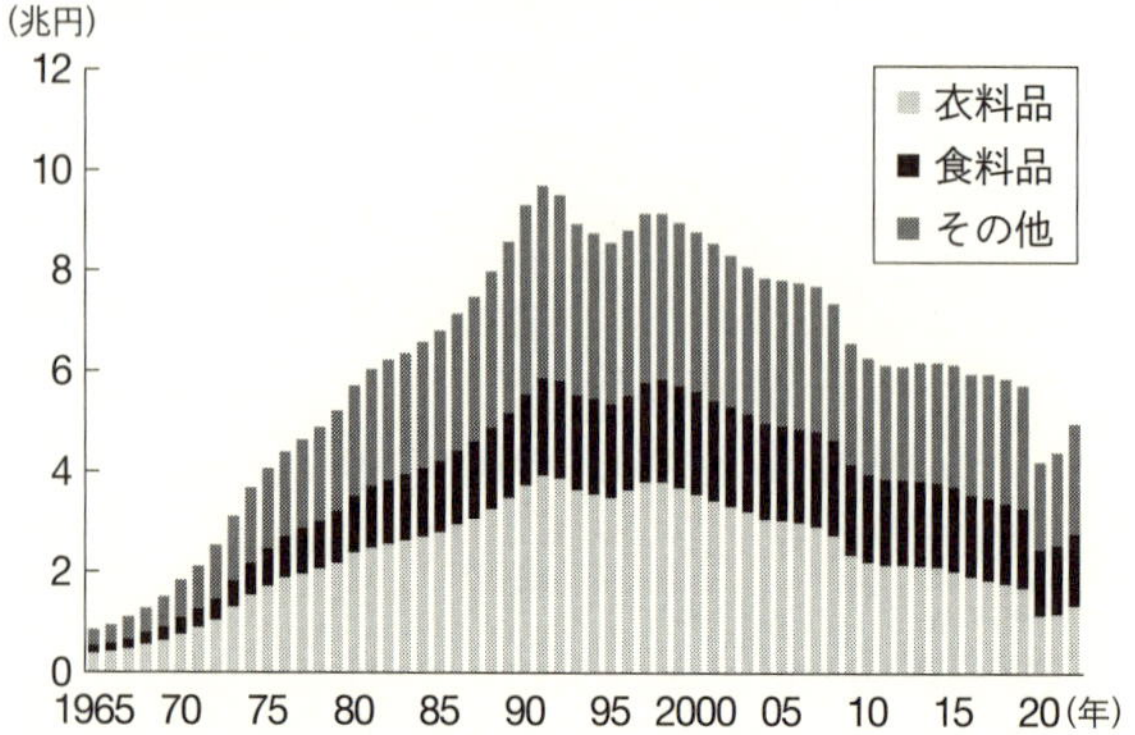

［出所］ 日本百貨店協会よりリフロンティア・マネジメント作成

られなくなっているのです。都心の百貨店では、富裕層の購買意欲の高まりや外国人観光客の増加から売り上げが急回復していますが、東京や大阪、名古屋などの大都市圏以外の地域では回復の伸び率が低いのが実情です。

そのようなジリ貧の百貨店とは対照的に業績を伸ばしているのが、ネット販売です。人々の買い物の仕方や流通が多様化する中で、百貨店というビジネスモデルは今後、どこまで通用するのでしょうか。

大手百貨店の中には、強みである既存の富裕層の顧客に投資信託などを紹介するビジネスを展開しているところもあります。従来のビジネスモデルの転換が求められる時期にあることは間違いありません。コロナ禍を切り抜けつつ、ビジネスモデルも転換する。大きな課題が経営陣には突きつけられています。

3 「マンション契約率」「新設住宅着工戸数」で不動産市況を読む

一概には景気の良し悪しが判断できない

続いては、不動産市況を見るための指標です。先ほども少し話に出てきましたが、マンションの市況を読むためには**マンション契約率**を見ます。

マンション契約率とは、民間のシンクタンクである不動産経済研究所が、首都圏と近畿圏の新築分譲マンションの契約率を調べた数字です。一般的には「70%が良し悪しの目安」といわれていますが、私はこの見方をあまり信用していません。というのは、この数字は、あくまでも発売戸数に対する契約率なので、率が高いからといって、必ずしもマンションの売れ行きが好調というわけではないからです。景気が悪くてマンションが売れにくい時期には、不動産会社がマンションの新築件数を抑えようとして、分母が減ります。したがって、

図表3-4　マンション契約率・首都圏の推移

［出所］　不動産経済研究所

一概にこの数字から景気の良し悪しを判断することはできません。

実のところ、契約率よりも在庫数を見るほうが、マンション業界の好不調を的確に判断できます。ときどき、新聞などに「新築分譲マンションは○カ月分の在庫がある」といった記事が掲載されていますので、注意して見るようにしてください。

これらの点に注意しながら、マンション契約率の数字を追ってみます。首都圏のマンション価格は2021年度あたりから上がり始め、東京23区を中心に高騰し続けています。人手不足による建設などのための人件費の高騰や原材料費の増加のみならず、マンションの需要が供給を上回っていることも重なり、価格が上がり続けているのです。先にも触れましたが、日本人が住むために購入するだけではなく、中国人が投資目的で高級マンションを購入するケースが増えています。

マンション契約率の数字を振り返ると、コロナ禍前もその後も70％前後の水準が続いています。２０２3年も70％前後で推移していますが、ときどき50～60％台の低い数字が出ている時期があります。なぜ下がっているかというと、高い物件が多く売り出されたタイミングだと契約率が落ちる傾向があるからです。逆に、比較的リーズナブルな物件が出るときは上がりやすくなります。

今後も今までと同じように70％前後の水準が続いていく可能性が高いのですが、注意しなければならないのは長いスパンで見た場合の変化です。もし、中国の富裕層や投資家が日本の不動産を売り始めると、一気に市況が悪化する可能性があるからです。日本は長期的に人口が減少していますからね。

当然のことながら、不動産、特に新築マンションは供給量が一定しているわけではありません。売れなくなると供給を絞ります。先にも説明したように、マンション契約率だけを見るのではなく、在庫数や平均販売価格なども見なければなりません。

金利上昇の影響がどのように出るか

もう1つ、不動産市況を見るための指標に**新設住宅着工戸数**があることを付け加えておきます。先ほどのマンション契約率は新築マンションのみが対象でしたが、新設住宅着工には集合住宅のほか戸建ても含まれます。この指標は、住宅を新築する際に建築主が都道府県知事に工事の届け出をした件数を月ごとに集計した数字です。「持ち家」「貸家」「給与住宅（注・社宅など）」「分譲住宅」の4つに区分されており、さらに地域別の数字も発表されています。

住宅価格が高騰していると聞くと、住宅市場は活況かと思われるかもしれません。しかし新設住宅着工戸数の推移を見ると、2015〜2019年は90万戸を超えていましたが、コロナ禍に突入した2020年には81・5万戸まで減少し、そこから少し回復したものの2023年は81・9万戸と、4年連続で90万戸を下回りました。

確かに需要はコロナ禍から回復しつつあるのですが、原材料費の高騰や人件費の上昇によ

図表 3-5　新設住宅着工戸数の推移

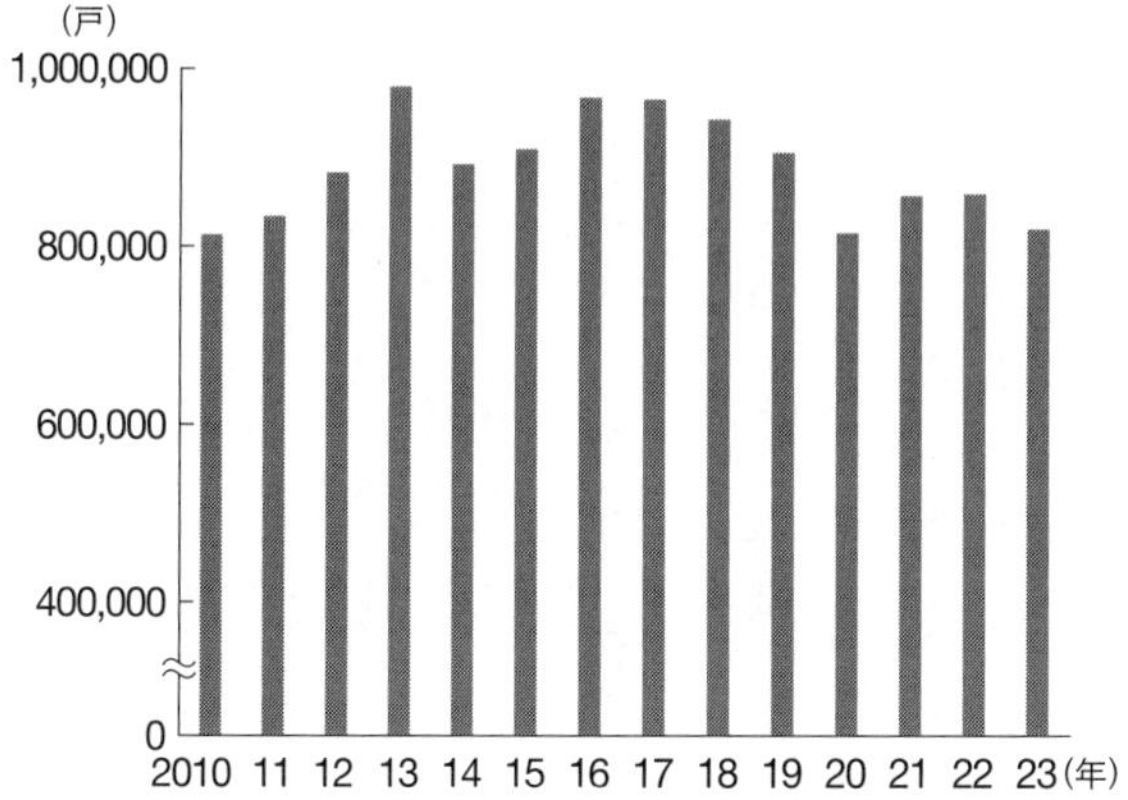

［出所］　国土交通省

って住宅価格が高止まりしていることに加え、物価上昇にともなう実質賃金の減少によって、消費者のマインドが冷えつつあるのです。また、人口、特に若年層の人口が減少していることも影響が出始めています。

この指標は、金利の動向にも敏感に反応します。住宅の建築主や購入者の多くはローンを利用するので、少し前のように低金利がずっと続きそうな状況だと、すぐにローンを借りて家を建てようという気分にはなりません。けれども、金利がわずかでも上がり始めて先高感が出てくると、みんなあわててローンを借りようとする傾向があります。

日銀は2024年3月の金融政策決定会合で

マイナス金利政策の解除を、7月には政策金利の0・25%への引き上げを決めました。今後は住宅ローン金利の引き上げが予想されます。駆け込み需要は別として、金利上昇は住宅着工には長期的にはマイナスとなります。

当然のことながら、住宅市況も影響を受けることは間違いありませんから、今後は金利動向に対して市況がどのように動いていくのか、新設住宅着工戸数とマンション契約率には注意しなければなりません。

4 半導体サイクルを読み解く「生産指数 集積回路」

次は、「産業のコメ」と呼ばれる半導体産業の動向です。高度経済成長期は「鉄は国家なり」といわれていましたが、現在では半導体が産業の中枢を担うものとされ、このように呼ばれるようになったのです。実際、パソコン、家電、スマートフォン、電子機器、自動車など幅広い分野で利用されるようになり、半導体は産業全体の基盤となっています。

2024年3月26日付日本経済新聞朝刊の記事「『日経半導体株指数』が始動」の中で、

図表 3-6　生産指数 集積回路の推移

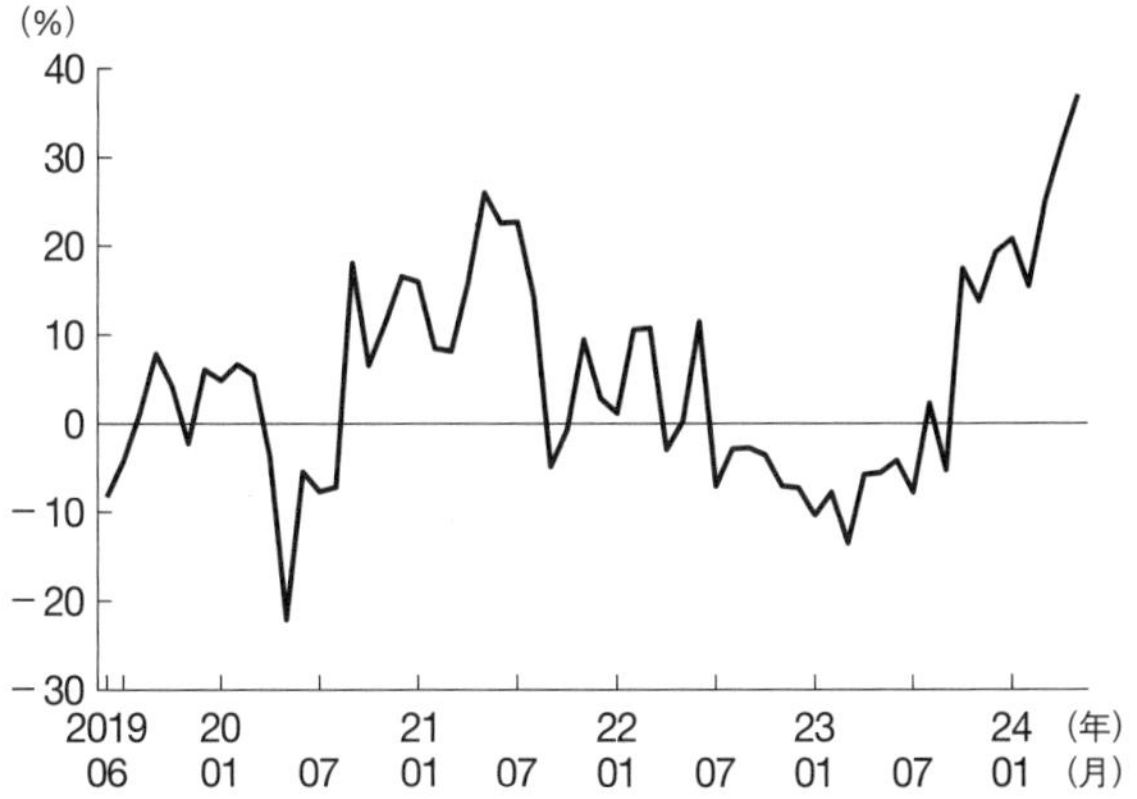

［出所］　経済産業省

「3～4年で周期的に好不況を繰り返す半導体市況の『シリコンサイクル』が底入れし、今後は好転していくとの期待も追い風だ」と報じられています。半導体業界には「シリコンサイクル」と呼ばれる需給の循環があり、この記事にもあるように3～4年の周期で活況と低迷を繰り返しているのです。

半導体業界の動向を見るには、**生産指数 集積回路**という指標に着目します。これは、半導体の集積回路（IC）の生産状況を表す指標で、経済産業省が月ごとのデータをまとめ、翌々月の中旬に発表しています。半導体はパソコンやスマートフォン、家電などの需要によって増減しますので、例えば米アップルの

iPhoneが新製品を出すなどして、その電子部品を生産しているときは、この数字が伸びる傾向があります。画期的な製品が作り出されると、半導体の生産は大きく影響を受けるのです。

図表3−6で生産指数集積回路の推移を見ると、前年比マイナスの数字が続く時期とプラスの数字が続く時期が交互に来ていることが分かります。これがシリコンサイクルです。

ただ、シリコンサイクルのほかに、もう1つ考えなければならないことがあります。かつて日本は、半導体の世界市場でトップクラスのシェアを誇っていました。1980年代後半には日本企業のシェアは50%を超えていたのです。ところが、2000年代から急速に落ち込み、2019年には約10%まで下がってしまいました。半導体の最先端技術において日本はすでに世界からかなり後れを取っており、最先端の回路微細加工技術では線幅2ナノメートルまでの加工がされているのですが、日本では40ナノメートルで止まっているのです。

そういったなか、半導体世界最大手、TSMC（台湾積体電路製造）が熊本県に新工場を建設すると発表し、2024年末までに第1工場、2027年までに第2工場が稼働する見通しです。特に第2工場では、現在の日本の技術では製造できない6〜7ナノメートルの先端半導体を生産する方針だといいます。

同時に、トヨタ自動車など国内大手8社が出資して作った、次世代半導体の国内生産を目指す企業、Rapidus（ラピダス）が、北海道千歳市に工場を建設すると発表しました。政府も多額の補助金を出す方針です。ラピダスが目指すのは2ナノメートル以下の超微細な半導体です。スーパーコンピューターやＡＩ（人工知能）、完全自動運転車などに使う最先端の半導体を製造しようと考えているのです。これらの工場が稼働するようになり競争力が回復すると、生産指数 集積回路の数字も伸びていくでしょう。

しかし、私は日本の開発力が格段に落ちていることを非常に懸念しています。半導体に限らず、あらゆる分野における優秀な技術者や研究者は海外に流出しています。これまで10～20年の間、ノーベル賞を受賞した日本人の多くは海外で受賞会見を開いています。日本と海外では、研究環境も賃金も大きく異なります。海外のほうが稼げるうえに研究しやすい環境であれば、当然のことでしょう。

さらに、先ほどラピダスが2ナノメートルの最先端半導体の製造を目指すという話をしましたが、それが日本で実現したとしても、単に技術がキャッチアップしたに過ぎません。それよりもっと先を見据えた開発ができるのかと考えると、疑問が残ります。工場を国内に誘致し工場建設に資金を投入して地域が活性化したとしても、それだけで日本の競争力が大幅に高められるわけではないのではないでしょうか。研究・開発も重要です。

かつて日本は最先端技術を誇る国でしたが、今は必ずしもそうではないことを残念に思います。これから日本は、どのように世界と戦い、生き残っていけばいいのでしょうか。私たちは、その視点を忘れてはなりません。

5　鉄鋼業は今も国内経済を支える――「粗鋼生産高」

高度経済成長期に日本の産業の中核を担っていた鉄鋼業ですが、今もなお国内経済を支える大きな存在です。鉄は建設用や自動車用など用途が広いので、幅広い業種に影響しているのです。

鉄鋼業の動きは**粗鋼生産高**で示されます。「粗鋼」とは、さまざまな形や性質の鋼材に加工される前の、鉄の半製品です。この粗鋼がどれだけ生産されているかを見ると、各業種で

図表3-7　粗鋼生産高の推移

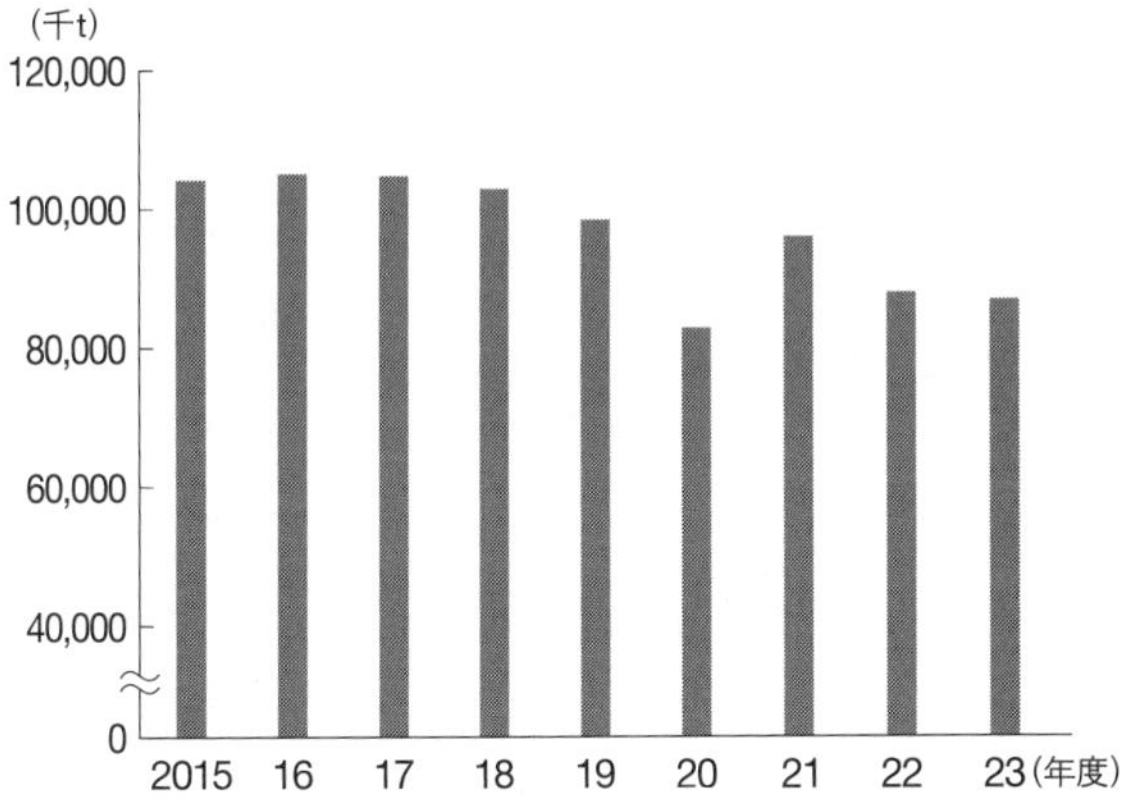

[出所]　日本鉄鋼連盟

使われる鉄の需要全体を把握することができます。この数字は、日本製鉄、ＪＦＥホールディングス、神戸製鋼所といった鉄鋼会社の生産高を合計したもので、経済産業省が翌月下旬に速報を、翌々月中旬に確報を発表しています。

粗鋼生産高は、以前は年間でだいたい1億トンが損益分岐点だと私は考えていました。鉄のような装置産業は損益分岐点を超えると非常にもうかりますので、この水準を超えるかどうかは大切な視点でした。

粗鋼生産高の動きを見ると、２０１７年度と２０１８年度は1億トンを超えていますが、２０１９年度以降は下回っています。２０２０年度はコロナ禍の影響もあったのでしょうが、その後も2021年度9600万トン、2022年度8785万トン、2023年度8683万トンと以前よりだいぶん低調です。それでも、生産性の向上などにより、鉄鋼各社は利益を確保しています。

足元では自動車用部品の需要が高まり、回復しているところもあるのですが、建設用、産業機械用のほか、輸出用の鉄があまり振るいません。鉄の需要自体は自動車、造船、建設などに支えられて底堅いのは変わりないのですが、輸出の観点からは最大消費国の中国の経済減速や供給過剰もあり、伸び率が鈍化しているのです。

さらに長期的なトレンドとして、日本の空洞化が挙げられます。例えば、鉄鋼業界にとっての最大顧客の1つである自動車産業が、海外の製造拠点を増やしています。自動車大手のトヨタ自動車は、2024年度の世界生産は1040万台、うち国内では300万台という計画を発表しました。

しかし、2024年11月の米大統領選挙の結果次第では、この計画も変わっていく可能性があるのです。もし、トランプ氏が当選したら米国は自国優先になりますから、トヨタ自動車も「米国への輸出に高い関税がかかる可能性があるから、日本ではなく米国での生産を増やしたほうが有利」と考えて工場を移転するかもしれません。

もう1つ、日本製鉄が収益力を高めるため、米鉄鋼大手USスチールを買収しようとしています。今のところ、バイデン大統領もトランプ氏も否定的な考えを示しているので今後の展開は読めない部分がありますが、日本企業が海外進出を考え、空洞化が進みつつあることに変わりはありません。粗鋼生産高の長期的なトレンドには注意する必要があります。

6　米国の指標で注目される「ケース・シラー住宅価格指数」

コロナ禍でなぜ住宅価格が上昇したか

次は、米国の主要産業に目を向けます。私が特に注目している指標の1つに、**ケース・シラー住宅価格指数**があります。これは米国内の一戸建て住宅の価格変動を示す指標で、世界中の市場関係者から重視されている数字です。格付け会社スタンダード&プアーズ（S&P）が住宅売買の実績を集計し、2000年1月のデータを100として指数化しています。

図表 3-8　ケース・シラー住宅価格指数の推移

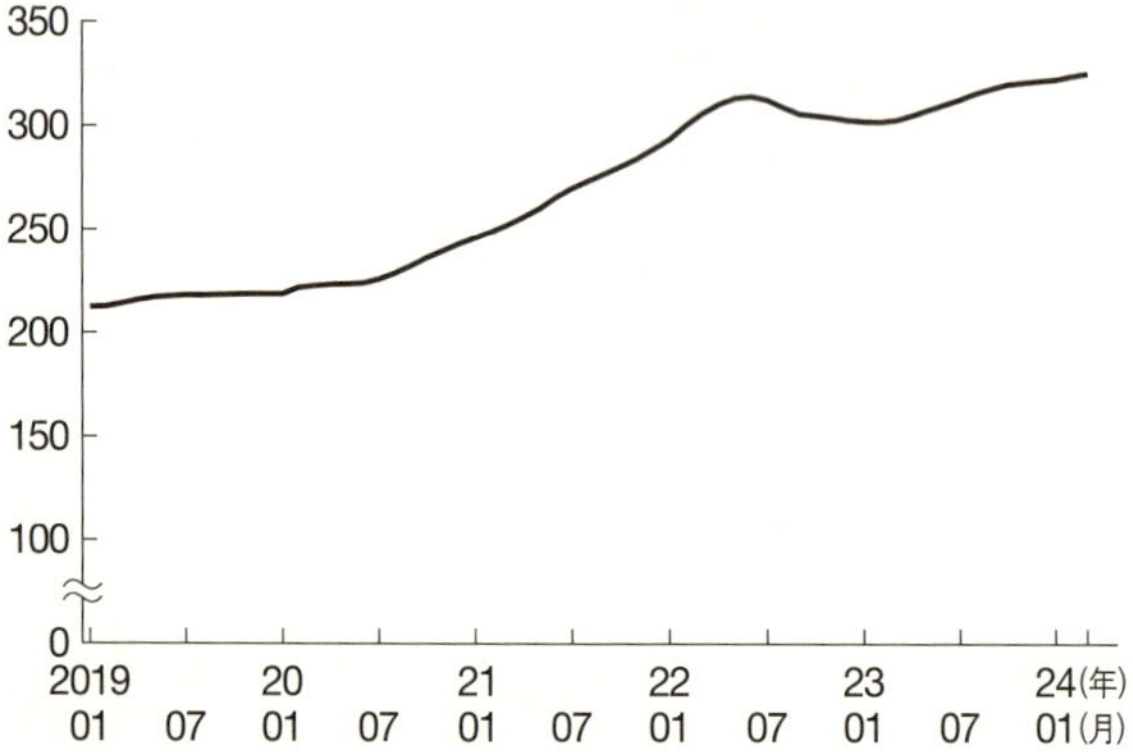

［出所］ S&P

この指標には、四半期ごとに発表される全米住宅価格指数、ニューヨークやボストン、シカゴ、デンバー、ロサンゼルスなどの主要10都市圏住宅価格指数、10大都市とアトランタ、デトロイト、シアトルなどを含んだ20大都市圏住宅価格指数があり、特に**全米住宅価格指数**と**20大都市圏住宅価格指数**が注目されています。ケース・シラー住宅価格指数は2カ月遅れで公表されます。

早速、ケース・シラー住宅価格指数の推移を見ていきます。コロナ禍前である2015〜2019年は172から218へと緩やかな上昇を続けていましたが、コロナ禍に突入した2020年から急速に上昇し、2022年6月

図表3-9　米国10年国債利回り、TB3カ月の推移

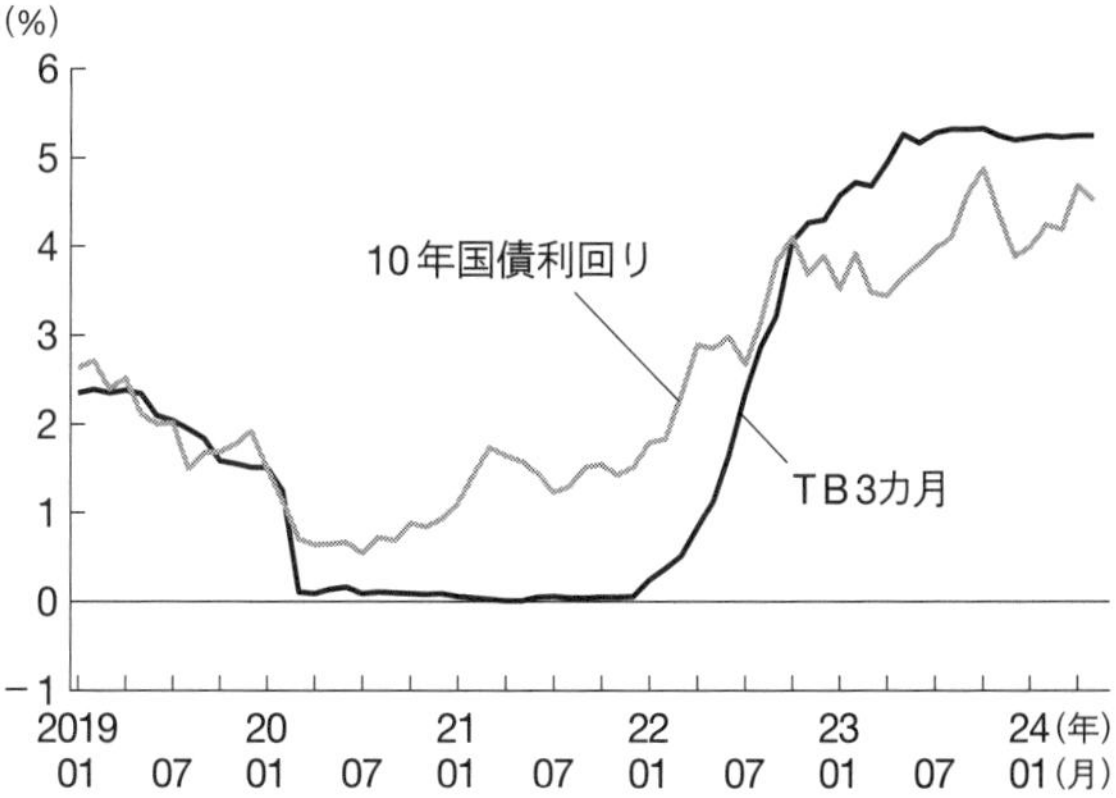

[出所]　米財務省

には314まで上がっています。

なぜ、米国の住宅価格はコロナ禍の最中からその後にかけて急上昇したのでしょうか。理由は2つあります。

1つは、在宅勤務の増加です。自宅で過ごす時間が増えたことから、より良い環境を求めて住宅を購入しようという機運が高まったのです。米国在住の友人に話を聞いたところ、今でも月曜日と金曜日は地下鉄が空いているそうです。コロナ禍で在宅勤務がある程度定着したのでしょう。その証拠に、米国内でオフィスビルなどの商業用不動産が大幅に下落しています。商業用不動産ローンを多く出した金融機関は回収が難しくなってしまい、金融当局が監視を強

化しているとの報道もありました。

もう1つは、住宅ローン金利の下落です。米国の長期金利を示す**10年国債利回り**を見てください。住宅ローン金利は大まかに「10年国債利回り＋2・5〜3％」で推移します。例えば10年国債利回りが4％であれば、住宅ローン金利は6・5〜7％になるということです。

その点を踏まえて10年国債利回りを振り返ると、2019年までは1〜3％台でしたが、2020年に入ると0％台後半まで下落、2021年から2022年前半までは1％台となっています。コロナ禍に突入して急速に景気が悪化し、FRBは政策金利をゼロ近辺まで下げたのです。長期金利は自由金利ですが、政策金利に連動するように2020年は0％台まで落ちました。

したがって、住宅ローン金利も3％前後まで下落したことになります。日本では住宅ローンが3％だと低い水準ではありませんが、米国だとかなりお買い得となるのです。

ちなみに、米国人は変動金利で住宅ローンを組む人はあまりいません。多くの場合、長期の固定金利でローンを組みますから、低金利は住宅購入における千載一遇のチャンスなのです。こういった2つの理由から不動産需要が高まり、不動産価格が急上昇していきました。

問題はその後です。もう一度ケース・シラー住宅価格指数を見ると、2022年後半以降も高水準が続き、2023年12月には322まで上昇しています。これはコロナ禍前の約1・5倍に当たります。

なぜここまで高騰してしまったのでしょうか。理由はFRBの誤算にありました。第2章でも解説しましたが、住宅価格が急上昇していた2021年当時、FRBのパウエル議長は「このインフレは一過性のものである」と発言していて、政策金利を引き上げなかったのです。その結果、短期金利は上がらず、長期金利の上昇も緩やかでした。

高金利でも住宅価格が高騰する要因

2022年半ばになると、この状態は一過性のインフレではないとの認識が広がり、FRBはようやく政策金利を引き上げ始めました。ケース・シラー住宅価格指数のピークである2022年6月を過ぎたころから、短期金利である**TB3カ月**は2%台、3%台、4%台と急上昇しています。直近の数字を見ると、2024年6月のTB3カ月は5・22%、10年国債利回りは4・36%となっています。つまり、この時点での米国の住宅ローン金利は

7%前後で推移しているはずです。

多くの人は、政策金利が上がり始めた2022年6月以降、住宅価格は下落していくだろうと考えていました。確かに2022年7月から2023年2月にかけて、ケース・シラー住宅価格指数は313から302まで下降しています。しかし再び上昇を始め、2023年12月には322となり、2022年6月のピークを超えてしまったのです。つまり、住宅ローン金利が7%前後まで上昇しても、住宅価格が上がり続けている。ここから、住宅市況はかなり底堅いことが分かります。

この理由はいくつかありますが、インフレや資材の高騰のほかに、中古住宅の供給数が少なくなっていることが挙げられます。家を買い替えようとすると、新たに住宅ローンを組まなければなりません。しかし、住宅ローン金利が7%を超える水準まで上昇しているため、なかなか買い替えることができません。ここで何が起こるかというと、中古住宅を売り出す人が減るのです。すると住宅の供給数が減っていきますから、住宅価格はますます上昇していきます。

ケース・シラー住宅価格指数の上昇は、そういった複数の要因が重なっているのです。

7　世界景気を占う米国の「自動車販売台数」

米国の個別業種においてもう1つ注目したいのが、自動車産業の動向です。こちらも米国内の景気のみならず、世界の景気を占う重要なポイントになります。

米国の自動車産業の景況感を見るには、米商務省が発表する**自動車販売台数**に注目します。この数字には米国の自動車メーカーだけでなく、他国の自動車メーカーが米国で販売した新車の台数も含まれていることに注意してください。例えば、日本のメーカーが輸出して米国で販売した台数も含まれています。つまり、この数字が伸びなければ、世界中の自動車産業が打撃を受けることになるのです。

それでは、自動車販売台数の推移を見ていきます。コロナ禍前の2017～2019年はおおむね1700万台ペースが続きました。第2章でも触れましたが、米国は「消費は美徳」とする国ですので、自動車の購買意欲が非常に旺盛です。

自動車販売台数は、コロナ禍に入った2020年4月には一時的に860万台まで落ち込

図表 3-10　自動車販売台数の推移

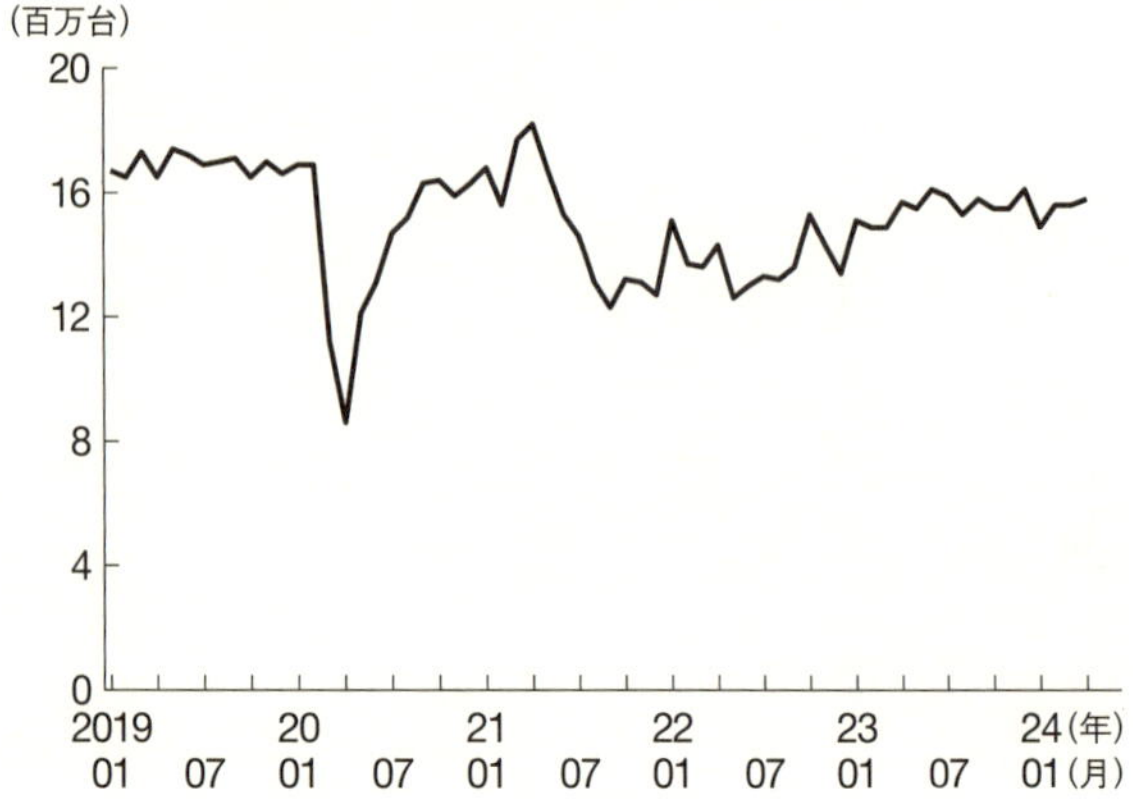

［注］ 各月の販売ペースが１年間続いた場合の年率換算値
［出所］ 米商務省

みましたが、9月には1630万台まで回復しました（各月の販売ペースが1年間続いた場合の年率換算値）。その後も順調に伸びていくと思われたものの予想よりは回復せず、2021年は1490万台、2022年は1380万台でした。コロナ禍前よりかなり減少しているのです。

この大きな原因の1つは、半導体や自動車部品の供給不足です。日本人が自動車を購入するときは、ディーラーで車種やオプションなどを決めて注文し、数週間から数カ月後に納車されることが多いと思います。しかし米国人は、ディーラーに置いてある自動車を購入することが大多数です。早ければその日のうちに登録申請をして納車します。したがって、半導体や自動車部品不足のせいでディーラーに自動車の在庫が置いていなければ、買うのをやめてしまうケースもあるのです。それを裏づけるかのように、2021~2022年には中古車市場が活況でした。

半導体や自動車部品の供給が落ち着けば、自動車販売台数ももう少し回復してくると思います。2023年は1550万台まで戻しましたから、近いうちに1600万台ペースまで回復するのではないかと予想しています。

第4章

お金の動きを見る金融の指標

第4章では、私が注目している金融の指標について解説します。金融と聞くと、投資家や一部の市場関係者しか触れることのない世界と思われるかもしれません。しかし、金融指標とは、いわばお金の流れそのものを表す指標です。「金融は経済の血液」ですから、経済や景気の動向を考えるときには、きちんと押さえておかなければなりません。これまでの経済指標と同様に、定義やある程度の実際の数字を知るだけで、経済の流れがよく見えるようになります。

1　異常だった異次元緩和と「マネタリーベース」

過去に例のない異次元緩和の中身とは

金融の指標を解説する前に、まずは日銀が打ち出してきた金融政策を振り返ってみたいと思います。長い間低迷している日本の景気を浮揚させるために、日銀は2001年から金融緩和（量的緩和政策）を行ってきました。

新聞やニュースなどで「金融緩和」という言葉をよく耳にすると思いますが、これはどのような政策なのでしょうか。金融緩和とは、企業や個人がお金を借りやすくする政策です。伝統的な手法としては、日銀が金利を引き下げます。こうしてお金を借りやすくすれば、企業が設備投資を行ったり、個人が車や住宅を買ったりしやすくなる。するとその分、企業の売り上げが増えて、業績が改善し、従業員の給料が増えていき、さらにみんながモノを買うようになる。その結果、需給の関係からモノの値段が上がります。こうした好循環をつくり出そうとするのです。

しかし、日銀がコントロールしている政策金利（「無担保コールレート翌日物」。後ほど詳しく解説します）は、すでに限りなくゼロに近づいていますから、もう下げることができません。

では、もっと金融緩和を進めるにはどうしたらいいのでしょうか。次の手段が「量的緩和」です。量的緩和とは、世の中に出回るお金の量を増やすことです。具体的には、日銀が民間の金融機関から国債を購入します。日銀が国債を買った代金を金融機関に支払うことで、金融機関は使えるお金の量が増えます。ただ、金融機関はお金を持っているだけでは利息を増やすことができませんから、企業や個人に積極的にお金を貸し出そうとするのです。

話を戻します。このように日銀は金融緩和策を続けてきたものの、残念ながら景気は回復せず、デフレからの脱却もできませんでした。そこで2012年12月に内閣総理大臣に再就任した安倍晋三氏は、「ならば、もっと大規模な金融緩和を実施する」と言い出したのです。

安倍政権の方針を受けて、総裁に選ばれた日銀の黒田東彦氏は「異次元の金融緩和策」を打ち出しました。「異次元」という言葉通り、この金融緩和策は過去に例を見ない大胆な内容で、市場に大きなインパクトを与えました。中でも特に反響を呼んだのは、「マネタリーベースを2年間で2倍に増やす」というものです。こんなことは今までどの国もやったことがない、前代未聞の政策でした。

マネタリーベースとは、流通している貨幣と**日銀当座預金残高**（金融機関が日銀に預けているお金）の合計です。日銀が直接コントロールできる資金量は、このマネタリーベースだけです。ちなみに、日銀当座預金にとどまっているお金は、銀行が貸し出しなどをしない限り、実質的に個人や企業が使うことはできませんので、私は日銀当座預金を「お金予備軍」と考えています。

日銀が金融機関から国債などの資産を買い取ると、そのお金は金融機関が持つ日銀当座預金に振り込まれますから、マネタリーベースが増えます。これを今まで以上に増やしていく。すると、その増えたお金を企業や個人にどんどん貸し出していけば、経済が活性化するはずだと考えたのです。

日本のマネタリーベースは、2013年2月の月中平均で129兆円。異次元緩和では、日銀が毎月約7兆円の国債を買い入れることで、マネタリーベースを2013年末に200兆円、2014年末に270兆円まで膨らませようとしました。

さて、ここで問題です。例えば、日銀が金融機関から1兆円分の国債を購入したとき、その代金1兆円は金融機関が持つ日銀当座預金口座に振り込まれます。この1兆円は、どこから持ってくるのでしょうか。

正解は、日銀が、金融機関が日銀に持つ当座預金口座に記帳するだけです。中央銀行はお金をつくり出すことができるので、このようなことができるわけですね。日銀は金融機関から国債を購入して、お金をどんどん増やしていきました。

これとあわせて、日銀が購入する資産内容の範囲も広げられます。従来は償還まで3年以内の国債のみを購入していましたが、異次元緩和ではより長期の国債のほか、株式を中心とした上場投資信託（ETF）や不動産投資信託（J－REIT）など価格変動の比較的大きいリスク資産の買い入れも増やすことになりました。日銀がどんどん資産を買い込んで、お金を供給していくというわけです。

日本政府が異次元緩和の後にすべきだったこと

異次元緩和は、どの国もやったことがない異例の金融政策だと説明しました。では、なぜどの国も極端な量的緩和を行わなかったのでしょうか。

それは、世界各国の中央銀行は、極力リスクを回避するようにしているからです。万が一、中央銀行が価格変動する資産を多く抱えその価格が落ちると、不良資産にあえぐことになり、その国の通貨の信用が失われ、金融不安に陥る恐れがあるのです。

私たちが使う紙幣は精巧にできていますが、ただの紙でしかありません。その紙が、中央銀行（日本では日銀）の信用によってお金として使えるようになります。ところが、もし中央銀行の信用が失われてしまったら、お金の価値も毀損《きそん》してしまいます。

異次元緩和を実施する前までは、日銀はこういったリスクを回避するために「日銀券ルール」を守っていました。日銀が保有する国債の量は、おおむね日銀券（通貨）の発行残高を超えないというものです。しかし、異次元緩和が始まってからは、そのようなルールは完全に無視されるようになってしまいました。

では、日銀が異次元緩和によって大量の国債を持ち続けるようになったら、どんなことが起こりうるのでしょうか。万が一、国債が暴落することがあれば、日銀は実質的に債務超過に陥って信用をなくしてしまうことになりかねません。当然、通貨も価値を失い、空前の円安が起こる恐れがあるのです。

したがって、日銀が大量の国債を持つことは好ましくありません。ましてやETFやJ－REITなどはなおさらです。世界中のどの国の中央銀行も、このような大胆な金融緩和は避けてきました。日本の金融は、異次元緩和によってかなり異常な状態に陥ったということを認識する必要があります。

あらゆるリスクをはらんだ異次元緩和でしたが、その後、日本の景気は回復したのでしょうか。

2013年4月に異次元緩和を打ち出してから、マネタリーベースはどんどん増えてい

図表 4-1　マネタリーベースの推移

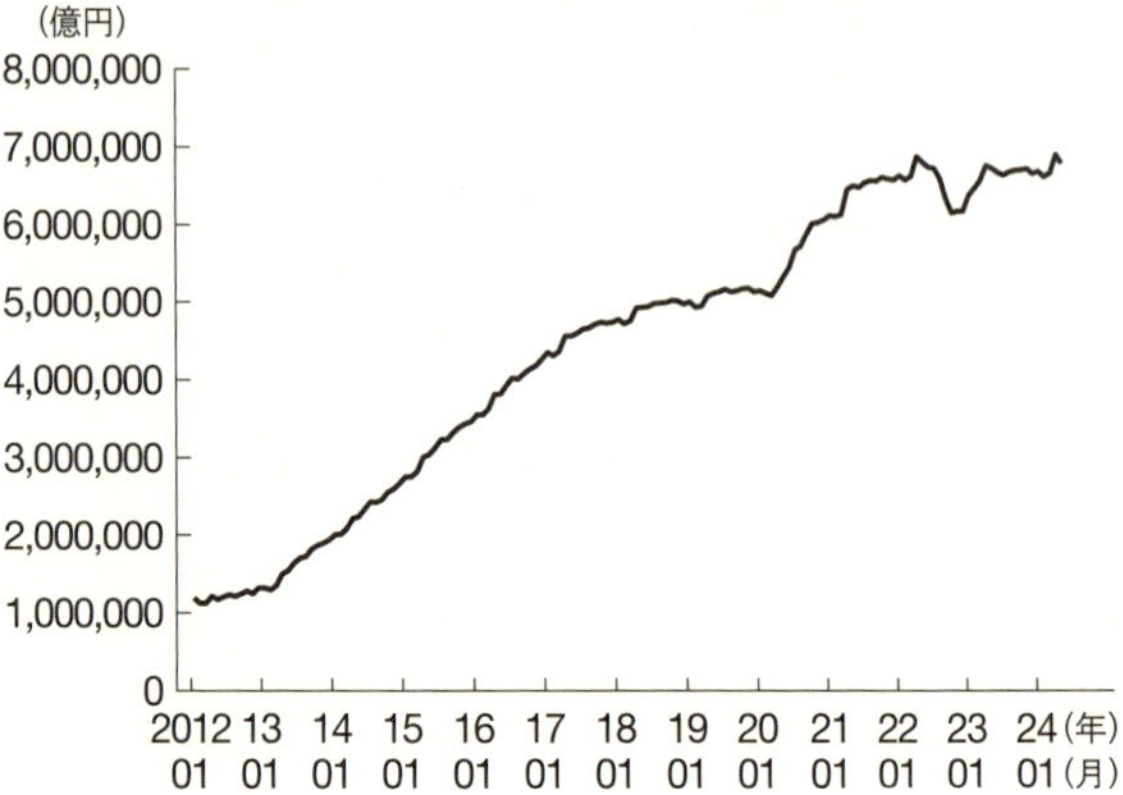

［出所］　日本銀行

き、本当に2年で2倍まで膨らみました。円／ドル相場も、2013年3月には1ドル＝95円前後で推移していましたが、2013年末には1ドル＝104円、2014年末には1ドル＝120円まで円安が進行。それにともなって日経平均株価も2013年4月5日には1万2833円だったのが、同年12月27日は1万6178円、2014年12月26日には1万7818円まで上昇しました。

しかし、ここで政府は方針転換をすべきでした。みなさんは、当時の安倍首相が打ち出した経済政策「アベノミクス」の3本の矢を覚えていますか。1本目はこれまで解説してきた金融政策。2本目の矢は財政政策。3本目の矢は成長戦略でした。

先にも述べたように、日銀はいつまでも大量の国債を持ち続けるわけにはいきません。日銀の黒田総裁（当時）も、異次元緩和から2年たったころから安倍首相に「金融政策によってある程度景気が浮揚してきたから、成長戦略に移行して経済の足腰を強めるようにしてください」と何度かお願いしていました。金融政策は、しょせんはカンフル剤に過ぎないからです。しかし、安倍内閣は実質的な経済政策や成長戦略を打ち出すことはありませんでした。成長戦略は痛みをともなうことも多いですからね。

結局、日銀が大量に国債を購入する「黒田バズーカ」は3度実施され、マネタリーベースは10年で約5倍の水準に達しました。日銀当座預金残高は、異次元緩和スタート当時は約60兆円でしたが、約570兆円（2024年4月25日時点）まで増加。マネタリーベースは約700兆円（同）まで膨らみました。このような異常な状態になるまで、政府はまさに日銀を〝使い切った〟のです。

このように、日本の金融は異次元緩和によって異常な状態に陥ったと説明してきました。これは言い換えれば、できるだけ早く景気を浮揚させ、異常な状態から脱しなければならないということです。日銀も、「これ以上は国債を保有したくない」と考えているはずです。

最高のシナリオは、アベノミクスによって景気が順調に回復して成長軌道に乗り、その結果、GDPや税収が増えていき、対GDP比の財政赤字額と赤字国債の発行残高を減らしていくという流れでした。先にも触れたように、当初の方針通り2年間でマネタリーベースを2倍にした後、すぐに成長戦略にバトンタッチすべきでした。そして異次元緩和の出口戦略を議論しなければならなかったと思います。

2 マイナス金利の解除――「政策金利」から見える日本経済

政策金利とはどういうものか

2013年4月4日からスタートした異次元緩和は、当初は2年後の2015年3月までには終了する見込みでしたが、その後もマネタリーベースは拡大し続けました。さらには2016年2月16日から「マイナス金利付き量的・質的金融緩和」がスタートしたのです。

マイナス金利政策の解説をする前に、先ほども少し出てきた政策金利に当たる**無担保コー**

ルレート翌日物の説明をしておきます。コールレートとは、主に銀行どうしがお金を貸し借りする市場（コール市場、短期金融市場、マネーマーケットなどと呼ばれています）での金利です。

銀行には、それぞれの銀行で預金がたくさん集まり資金が過剰になっているときと、貸し出しがたくさん出て資金不足になりやすいときがあります。

このような状況から、銀行の中でも毎日、資金の過不足、つまり資金が余っているところと足りないところが出てくるわけです。そうしたときに、資金が不足する銀行が他の銀行からお金を借りる市場のことをコール市場と呼びます。

政策金利は具体的にはどのように運用するのでしょうか。例えば、毎月25日は給料日の会社が多く、銀行で預金が大量に引き出されますから、多くの銀行が資金不足になってしまいます。それを放置すると翌日物の金利が高くなってしまうため、日銀が翌日物の市場にお金を供給することによって、金利を決められたゾーンに誘導するのです。逆に資金が余剰となる場合には金利が低下しますから、資金を吸い上げることによって誘導ゾーンから外れないように調整します。

コール市場にはいくつかの貸出期間があり、そのうち一番短いのが半日だけ資金を貸し出す半日物（日中コール）。その次に短いのが1日だけ借りる翌日物（オーバーナイト）であり、一番多く取引されています。この翌日物の金利が、無担保コールレート翌日物です。先にも触れましたが、無担保コールレート翌日物は、日銀が金融調整を行う際にそのゾーンを設定する金利で、**政策金利**とみなされています。言い換えるならば、通常は日銀がコントロールする金利は、この無担保コールレート翌日物しかありません。

中央銀行は、景気がいい場合は政策金利（無担保コールレート翌日物）を上げて、お金を借りにくくして景気を冷まします。逆に景気が悪い場合には、政策金利を下げることで、お金を借りやすくして景気を刺激します。ちなみに政策金利は、日銀では無担保コールレート翌日物ですが、FRBではフェデラルファンド金利（FF金利）オーバーナイトに当たります。日本の無担保コールレート翌日物と同じものです。

なぜマイナス金利政策をやめたのか

話をマイナス金利政策に戻しましょう。日本では2016年2月16日から「マイナス金利

図表4-2　無担保コールレート翌日物の推移

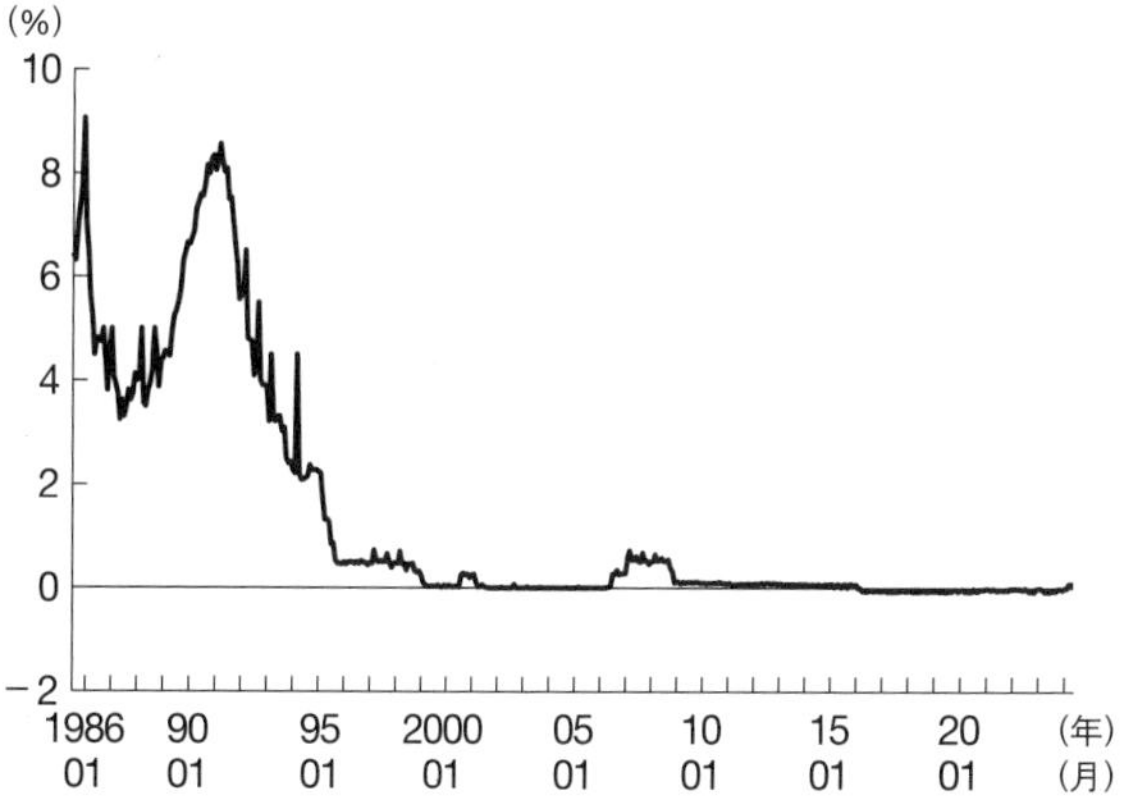

［注］月末値
［出所］日本銀行

付き量的・質的金融緩和」が始まりました。政策金利をマイナスに誘導するとともに、日銀当座預金の一部にマイナス0・1%の金利を適用するのです。

金利をマイナスにすると、預金者が金利を支払うことになりますから、金融機関が日銀に資金を預けたままにしておくと金利を支払わなければならなくなります。すると、今まで以上に金融機関は企業への貸し出しや投資に資金を回すようになり、経済の活性化とデフレ脱却を実現するという政策です。無担保コールレート翌日物の誘導ゾーンも0〜マイナス0・1%でした。

無担保コールレート翌日物の推移を見る

と、1985年には9％を超えるときもありました。景気がかなり過熱していたことが分かります。1990年代に入ってバブルが崩壊すると同時に、無担保コールレート翌日物金利は一気に引き下げられていきます。1991年4月に8・2％だったのが、1995年9月には0・53％まで下がりました。この数字からも、景気が急速に冷え込んだことが読み取れます。その後、2016年1月までゼロ金利が続き、その後マイナス金利政策が開始されました。2016年2月からはマイナス0・001～マイナス0・079％の水準が続きます。

このマイナス金利政策は2024年3月に解除され、およそ17年ぶりの利上げとなりました。第2章で消費者物価を説明しましたが、日本は期せずしてインフレ率（消費者物価指数［前年比］）が2％を超える状況になったため、このインフレを抑えるためにも、金融を正常化させるためにも、マイナス金利政策を終了することにしたのです（この「期せずして」という部分がポイントです。日銀の金融政策が奏功したのではなく、円安や原材料高、人件費の高騰などが相まってコストプッシュ型のインフレが起こったのです）。日銀は、それ以降は無担保コールレート翌日物を0～0・1％で誘導し、7月には0・25％程度まで上昇させました。

しかし、よく考えてください。一般的に預金金利も政策金利に連動するので、普通預金金利は０・００１％から０・１％まで１００倍に上がりました。しかし、インフレ率は２～３％で推移しているわけですから、その分、お金の価値は下がります。それを補塡する意味でも金利が引き上げられることを考えると、米国の短期金利は約５％、ユーロ圏では約４％であるのに対し、日本の普通預金金利は０・１％しかありません。

したがって、マイナス金利政策解除に対する評価としては、金融正常化に向けた第一歩というよりも、ようやく０・１歩ぐらいを踏み出したといったほうが正しいと私は思います。

政策金利はどこまで引き上げられるのか

金融において異常な状態を続けてきた日銀が、ようやく正常化に向けて進み始めました。では、ここからどこに向かうのでしょうか。実際にどのような方針になるかは分かりませんが、これから日銀が打ち出す政策を評価する力を身に付けるためにも、一緒に考えてみましょう。

先にも少し触れましたが、マイナス金利政策を続けていた当時、日本経済はデフレに陥っていたため、お金の価値が下落していたわけではありません。金利の有無にかかわらず国民の預貯金の価値が下がることはなく、私たちは損をすることがなかったのです（ただ、それと引き換えに日銀はリスクを負い続けました）。

しかし、2022年からインフレ率が上昇し始めたため、本来なら日銀は金利を引き上げるべきだったと思います。しかし、日銀は低金利に慣れきった日本経済への影響を懸念し、利上げについて今もなお慎重な姿勢を維持しています。

今後、日銀はどのようなオペレーションをしていけばよいのでしょうか。「日本経済新聞電子版」2024年3月14日付に、岩田一政氏（日本経済研究センター理事長）の「ゼロ金利の呪縛を解くカギ」というコラムが掲載されました。以下、一部を抜粋します。

「日銀によるマイナス金利解除のタイミングを巡る議論が活発化している。しかし、より重要な論点はデフレ均衡を脱した新たな正常均衡下での中立金利と、そこに至る金利の経路にある。

中立金利は貯蓄と投資がバランスする均衡実質金利（自然利子率）と正常均衡下の物価

上昇率の和に等しい。注意すべきは自然利子率が低下している経済では、中立金利のみならず新たな均衡下の物価上昇率も低下することだ。」

少し難しかったかもしれませんが、「中立金利」とは、景気を刺激することも冷ますこともしない金利を意味します。一般的に短期金利の水準は中立金利と同じ水準を目指すのがベストです。これについて岩田氏は、日本の中立金利の見方は何通りかあり、第1のシナリオは2％、第2のシナリオは0・5～1％、第3のシナリオは0％と説明しています。

私は現在のインフレ率を見る限り、中立金利は第1のシナリオである2％程度ではないかと考えています。ただ、岩田氏はそれより低いシナリオも考えていますし、日銀の植田和男総裁も急速な利上げには慎重です。日銀は約8年もマイナス金利を続けてきましたから、中立金利が2％だったとしても、いきなりこの水準まで金利を引き上げると大きな副作用が出てしまうからです。

副作用とは何かというと、利上げが行われると資金が借りにくくなり、企業が設備投資を控えるようになって事業を拡大しにくくなる。住宅ローンを借りる人も減る。その結果、経済が停滞してしまうという悪循環に陥ってしまうことです。

だから日銀は、まずはマイナス金利の解除と政策金利を0・1%、次に0・25%に引き上げることから始めたのです。多くの新聞やニュースでも、「利上げ」という表現ではなく「金利（金融）正常化へ向けた動き」と報じていました。私もそれが正しい表現だと思います。

ただ、先にも説明したように、インフレ率に金利は勝っていませんから、このままでは、みなさんが持つ預貯金はインフレ率と預金金利の差だけ目減りしています。当然ですが十分な正常化までは至っていないので、この先、日銀は少しずつ金利を引き上げていく可能性が高いでしょう。7月にマイナス金利解除の影響を見極めてさらに0・15%引き上げたのですが、年末までに再度の引き上げをする可能性もあります。そのぐらいのペースで引き上げれば、副作用も出にくいのではないかと思います。

ただ、その水準ではインフレ率（2024年5月時点で2・5%）にはまったく届きませんから、さらに1年先の2025年末までには、大きな問題が起こらなければ1%程度まで引き上げると見ています。

もちろん、これはあくまでも予想に過ぎません。今後、景気の大幅な後退や突発的な出来事が起こる可能性もありますので、日ごろから新聞やニュースなどを見て経済の動きを読み、予測する力を養うことが大切です。

3　長期・短期の金利操作で景気を刺激――「イールドカーブ」

長期と短期の金利を操作して景気を刺激

２０２４年３月の日銀金融政策決定会合で、マイナス金利政策の解除が決まったと説明しましたが、ここではもう１つ、大事な決定がありました。それは「イールドカーブコントロール」の撤廃です。

イールドカーブとは、直訳すると「利回り（yield）曲線（curve）」を意味し、債券の償還期間と利回りの関係をグラフにしたものです。少しややこしいですが、図表４－３を見ながら読み進めてください。

縦軸は利回り、横軸は残存期間（満期までの期間）とすると、同一発行体の債券において、投資期間ごとの利回りを線で結ぶと曲線になります。同一発行体の債券とは、例えば国

図表4-3　イールドカーブの仕組み

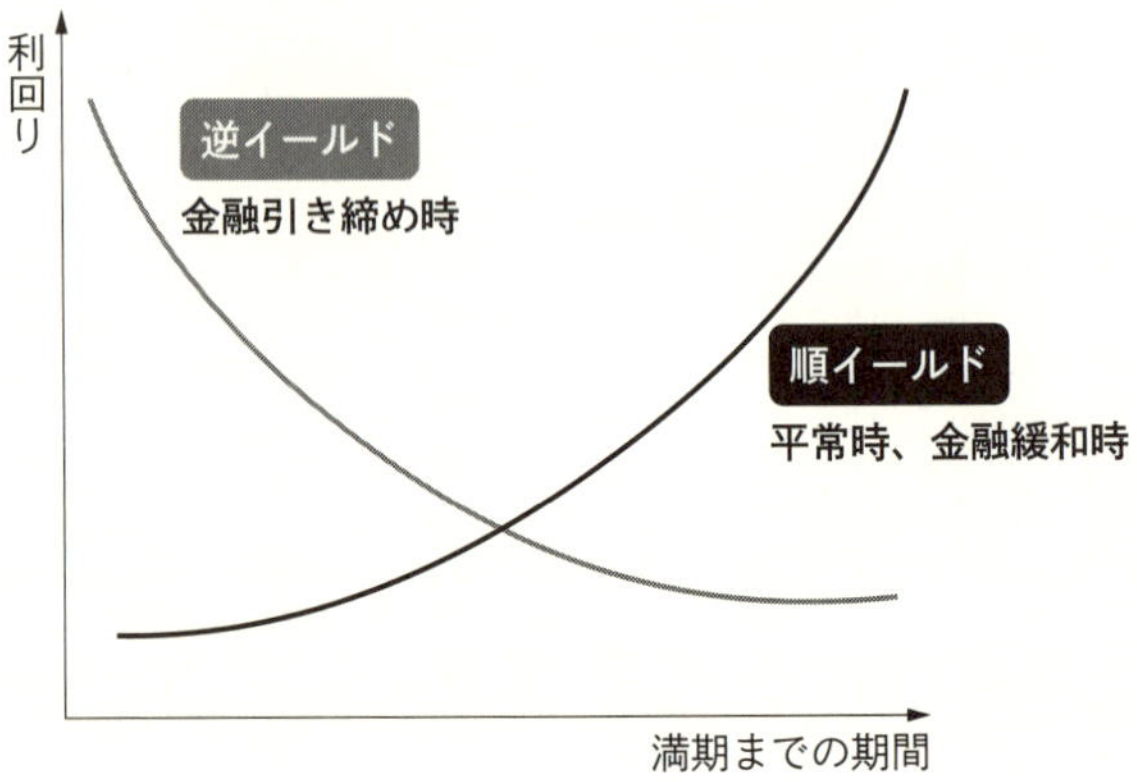

［出所］　時事通信社

債です。国債は残存期間が1年間のもの、5年間のもの、10年間のものなど、複数の商品が販売されています。イールドカーブは、このような同一発行体の債券群の利回りを分析したり、複数の債券群の利回りを比較検討したりすることに使われます。

通常のイールドカーブは「順イールド」と呼び、右肩上がりのカーブとなります。お金を返すまでの期間（償還期間）が長いほど返せなくなるリスクが高まりますから、利回りが高くなるのです。一般的に順イールドは、金融緩和をしているときや景気が拡大しているときに見られます。

基本的にイールドカーブは右肩上がりです

が、逆に右肩下がりになることもあり、これを「逆イールド」と呼びます（現在の米国の状態です）。この形はあまり見られませんが、中央銀行がインフレ率を抑えるために短期金利を上げて金融を引き締めようとすると、短期金利が長期金利を超えることがあるのです。この状態は企業などが長期的な投資などに不安が多く、景気が後退する可能性が高いとも考えられています。

イールドカーブの概要を理解したところで、「イールドカーブコントロール」の解説に移りましょう。イールドカーブコントロール（YCC：yield curve control）とは「長短金利操作」とも呼ばれるもので、日銀が2016年9月から導入しました。先にも触れたように、それまでは短期金利はマイナス金利を適用してきましたが、残念ながらこの政策だけでは景気は浮揚しませんでした。そこでマイナス金利政策に加え、10年物国債の利回りが0％近辺で推移するように長期の国債を買い入れることで、長期金利と短期金利を同時にコントロールし、今まで以上に景気を刺激しようと考えたのです。

ちなみに10年物国債の利回りは一般的には**長期金利**の代名詞です。新聞などでは**新発10年国債利回り**と表記されます。これは額面の金利ではなく、あくまでも市場での取引価格にもとづく実質的な利回りを意味します。短期金利（政策金利。無担保コールレート翌日物）は中央銀行がコントロールしますが、長期金利は通常は自由金利です。それを日銀が国債を買い入れることでコントロールしようとしたのです。諸外国の中央銀行ではあまり類を見ない金融政策です。

先にも触れたように、2024年3月の日銀金融政策決定会合で、このイールドカーブコントロールが撤廃されることが決まりました。ただ、その後、長期金利が急激に上昇するとン経済に副作用が出てしまいますから、慎重にオペレーションをしなければなりません。日銀は、もし副作用が出てしまった場合は10年物国債を買い入れてバランスを取ると発表しています。

日銀当座預金残高の推移を見ると、金融政策決定会合前の2024年3月15日は531兆円だったのが、会合後の3月21日には547兆円まで16兆円も増えています。これは長期金利の急な動きを抑えるために、長期債を買い入れていたのではないかと考えられます。

米国は短期が長期の金利を上回る状態

私が着目しているのは、米国の金利です。米国では今（2024年7月現在）、短期金利よりも長期金利のほうが低い「逆イールド」になっているのです。先にも触れましたが、これは長期的な景気に対する信頼度が低いことを示しています。

2024年3月のFOMC（連邦公開市場委員会：米国中央銀行の金融政策を決める会合）の内容から、2024年末までに現状5・25～5・50％の政策金利を0・25％ずつ3回の利下げを行う見通しとしていましたが、6月のFOMCでは、インフレ率が期待したほどには下がらず、年末までの利下げ見通しは1回に後退しています（見通しはその時々の経済情勢でかなり大きく動きます）。日本は利上げの方向、米国は利下げの方向に進んでいますから、景気の動向に大きな変化がなければ徐々に日米金利差が縮まり、円高・ドル安に振れやすくなりますが、予断は許しません。

2024年3月の日銀金融政策決定会合では利上げ、米国のFOMCでは政策金利据え置きが発表され、日米金利差は少し縮まりましたが、円高には振れず円安が進みました。

これはなぜかというと、「日銀は金利を0・1％しか引き上げなかった。当面はこの水準を維持するだろう。一方で米国は利下げすると思ったけれど、景気が予想より強かった。ならば、この金利差はしばらく続くから円売り・ドル買いを続けよう」と考える人が多かったからです。しかし、7月の政策決定会合直後には、米国経済の先行きへの不安もあいまって一気に140円台前半まで円高に振れました。

日本の景気に大きく影響する為替相場の動向を見極めるためにも、日米の金利の動向や中央銀行の発言には引き続き注意することが肝要です。

4　金融は私たちの家計にどう影響しているか

34兆円損をした日本の家計

マクロの金融の話となると、「自分には直接関係がない」と捉える人がいるのですが、そんなことはありません。みなさんの大事な預貯金に大きく影響する話なのです。

日銀は、ようやく金融正常化の0・1歩を踏み出したというふうに述べました。しかし、インフレ率（消費者物価指数［前年比］）は3・1％（2023年）です。金利とインフレ率の間には、まだまだ大きな開きがあります。

日本の個人金融資産は2141兆円（2023年12月末）あるといわれており、そのうち約1100兆円が現金と預貯金です。2023年のインフレ率が3・1％であることを考えると、私たちが持つお金の価値が約34兆円分失われたことになります。

政府は今、低所得者世帯に10万円、住民税非課税世帯に7万円の給付金を配ろうとしています。もちろん、所得の少ない人たちに給付金を支給することは悪い話ではありませんが、金利を正常化させたほうが私たちに大きなメリットがあるのではないでしょうか。

例えば、約1100兆円の現預金の大部分である預貯金に対し金利が2％に引き上げられたら、国民に約22兆円のお金が入ってくることと同じです。そのうち2割である約4・4兆円は税収となりますから、残り約17・6兆円は家計に入るのです。

もちろん、この話に対して「資産を持つ人たちだけが得をする話ではないか」との批判はあるでしょう。ただ、預貯金を多く保有しているのは、一般世帯よりも高齢者世帯です。65歳以上世帯の平均貯蓄額は2414万円、中央値は1677万円といわれています。

ここで金利が2％程度まで上がれば、税金を支払っても年に30万円ほどは入りますから、高齢者が預貯金を取り崩す額が少なくなるはずです。すると、余剰資金を孫のために使ったり趣味に使ったりするなど、消費が伸びていきます。このように、金利を正常化することで景気が拡大していくのではないでしょうか。

「貯蓄から投資へ」の問題点

岸田文雄首相は2023年を「資産所得倍増元年」として、「貯蓄から投資へ」のシフトを抜本的に進めていくと発言しました。NISA（少額投資非課税制度）の拡充やiDeCo（個人型確定拠出年金）の加入年齢の引き上げなどが政策に盛り込まれ、投資への注目が高まっています。

私が若い人向けの講演会で金融や経済の話をするとき、「NISAをやっている人はいますか?」と聞くと、多くの人が手を挙げます。さらに「何を買っていますか?」と尋ねると、「eMAXIS Slim 全世界株式（オール・カントリー）」や「eMAXIS Slim 米国株式（S&P500）」と答えるのです。買付金額ランキングを見てもこれらの投資信託がトップのほうに来ます。若い人たちが投資に興味を持つことは良いことだと思います。しかし、ここにはいくつかの問題があると懸念しているのです。

コツコツ働いて給料をもらうと、まずは銀行預金に入れるでしょう。一部のメディアは先に述べたマイナス金利解除で「普通預金金利が100倍に引き上げられた」と報じていますが、大手銀行の普通預金の金利はたった0・1%です。もし今、金利が正常な水準だったら、為替リスクや価格変動リスクがある投資商品など買わなくても資産形成ができるわけです。少なくとも、インフレに負けることはありません。しかし政府は、そのような当たり前のことができなくなる国にしてしまったのです。

金融についてよく理解している人たちは、すでに日本円の預金はそれほど持たず、米ドルなどで預金をしています。しかし、余剰資金が少ない人たちにとってはリスクが高いですから、彼らと同じことはできません。

コツコツ働いて、それがきちんと報われる社会をつくるためには、インフレに勝てるぐらいの金利を維持することが理想なのです。

さらに問題があります。岸田首相が掲げるように貯蓄から投資への動きが進むと、どのようなことが起こるでしょうか。それは、期せずして起こる金利上昇です。日本国債の信用が失われて格付けが下がり、同時に長期金利が急上昇する可能性があるのです。

どういうことでしょうか。先にも紹介したように、個人金融資産は2141兆円、うち約1100兆円が現金と預貯金です。多くの人がその預貯金を使って外国の株式を買うようになったとしましょう。これは、日本の金融機関から預貯金が海外に流出することになります。

銀行は皆さんの預金を使って日本国債を買い入れています。その原資も減ってしまうわけですから、国債を購入する規模も縮小していくでしょう。日本は財政を均衡させようと口で言うだけで実際にはほとんど動けていないので、国内で国債の引き受け先がなくなってしまうと、日本国債を海外向けに積極的に販売する必要が出るのです。

しかし、今、米国債とドイツ国債の格付けは最高のAaaである一方で、日本国債の格付けは上から5番目のA1です（格付け会社ムーディーズによる）。にもかかわらず、日本国債は米国債よりも利回りが低いわけですから、買う人はなかなかいないでしょう。こんな状況がなぜ成り立っているのかといえば、日本国債の9割以上を国内で消化するという「国内ルール」が保たれているからです。

海外投資家で、低金利で為替リスクもある日本国債などわざわざ買う人はいません。買ってもらうためには、金利を適正水準まで引き上げなければならないのです。今より最低でも数パーセント高い金利が必要で、そうすると金利が急に上昇する可能性があります。そんな事態に陥ってしまう前に、高い金利支払いが必要になる財政赤字を減らすとともに、金利を徐々に引き上げて金融を正常化しておく必要があるのです。

利上げを過度に恐れる必要はない

しかし、そういうことを言うと、強く反論する人たちがいます。「この国の財政状況で金利を上げたら、国債の利払い費が増えてしまい、ますます財政難に陥ってしまう」と。確かに今、国家予算の一般会計のうち約10兆円の利払い費があります。もし長期金利が想定よりも1％上昇すると、10年後の国債利払い費はさらに8・7兆円増えるという試算があるのです。

しかし、これは心配ないと思います。なぜかというと、日本国債の半分以上を保有しているのは日銀だからです。日銀に入ってくる金利収入を、政府が吸い上げればいいだけの話ではないでしょうか。残りの国債は多くを国内の金融機関が保有していますが、それらに関しては日銀当座預金の金利を調整して日銀が利益を受け取り、それを政府が吸い上げることが可能だと思います。

つまり、国債の利払い費を政府という単体で見ると大変になりますが、日銀を含む金融機関と国全体というくくりで見れば、利払い費の増加はそれほど問題ないと私は見ています。なぜなら日本銀行法第53条で、「日本銀行が得た最終的な利益、すなわち、所要の経費や税金を支払った後の当期剰余金は、準備金や出資者への配当に充当されるものを除き、国民の財産として、国庫に納付される」と定めているからです。つまり、日銀が得た金利などの利益は、国が国民の財産として吸い上げることができるのです。

政府単体で見ると、利払い費が増えれば赤字が膨らみます。一方で、日本国債を購入している日銀単体で見ると、金利をもらう立場ですから利益が増えます。先に見た日銀法第53条によると、日銀の利益は政府に戻るだけですから、全体で見れば国内でお金がぐるぐる回っているだけなのです。したがって、金利を上げても財政破綻することはありません。

さらにいえば、日銀は金融機関が持つ当座預金に対して、自分たちの権限で金利を決めることができます。先ほど、日銀は2024年3月にマイナス金利を解除したと説明しました。ここで何をしたかというと、1つは政策金利を0〜0・1%に引き上げました。もう1

つは、日銀当座預金の一部への金利マイナス0・1％を解除して、0～0・1％のゾーンに引き上げたのです。

日本国債全体のうち、金融機関が保有する割合は11・7％です（銀行等の割合。2024年3月末時点）。政府が国債の金利を引き上げれば、金融機関はもうかります。それを日銀が日銀当座預金の金利を下げるなどして吸い上げることは難しくないでしょう。

ただし先ほども述べたように、現在、日本国債は全体の9割が日本国内で消化されています。今後、財政がますます悪化したら、金利の上昇は避けられません。そのとき、海外投資家が日本国債を買い入れるようになり、彼らに金利を支払わなければならないという状況に陥ったら、大きな問題になる恐れがあります。今のところ、低金利が続き、かつ為替変動リスクもある日本国債を購入する海外投資家はほぼいませんが、予期せぬ金利上昇が起こる可能性は否定できません。

また、もう1つの反論は、「借り入れの多い企業は、返済額が増えて困るだろう」というものです。しかし、日本企業の約65％は赤字で法人税を支払っていません。そんな企業が生き残っていること自体がおかしなことではないでしょうか。

競争力のある企業をつくるためには痛みがともないます。金利を正常な水準まで引き上げて、ある程度の淘汰を進めることは必要なプロセスです。法人税も支払えないゾンビ企業に関しては、M&A（企業や事業の合併・買収）を進めるような支援策を出せばいいでしょう。そして、ゾンビ企業の社員たちには、リカレント教育（学び直し）をうながす仕組みをつくる。こうしてゾンビ企業の淘汰が進めば、生き残った優良企業の規模が大きくなり、収益が増えます。したがって、金利を上げることに対して、それほど恐怖感を持たなくてもいいと思います。

繰り返しになりますが、「貯蓄から投資へ」とうながさなくても預金金利で十分な資産形成ができる社会をつくらなければ、コツコツ働く人がいなくなってしまいます。そんな不健全な世の中になってしまうことを、私は一番懸念しています。

次の章では、資産形成について説明します。

第5章

株式投資に役立つ指標

「人生100年時代」といわれるようになった昨今、生き方や働き方が多様になり、それぞれのライフプランに合わせた資産形成が重要だと考える人が増えました。そして岸田政権では2023年を「資産所得倍増元年」とし、「貯蓄から投資へ」というスローガンを再度掲げ、投資をうながすようになりました。

こうしてNISAの拡充が実施され、2014年前半の日経平均株価の上昇も相まって投資への注目が集まりましたが、私はみなさんに投資をすすめようと考えているわけではありません。2024年8月にはまれに見る市場の乱高下がありましたからね。大切なのは、「額に汗して稼いだお金を減らさないようにする。そして、余裕のある範囲でリスクのある資産を購入し、運用しながら少しずつ増やしていく」ことです。個人的な話で恐縮ですが、私は後に述べる投資のやり方で、時間はかかっていますが、投資したお金を約2・5倍に増やしました。

では、運用の際にできるだけお金を失わず、可能な限り増やしていくには、どのような点に注意すべきなのでしょうか。第5章では、私がいつも注目している株式投資に役立つ指標や企業の数字、注意するポイントなどについて解説していきます。

1　「NYダウ」と「日経平均株価」、どちらが有利か

1982年、私が東京銀行（現・三菱UFJ銀行）に就職して2年めの話です。当時の**日経平均株価**は1万円を少し下回る程度、**ニューヨークダウ工業株30種平均（NYダウ）**が1000ドルに届くかどうかというところでした。おもしろい上司から、「日経平均が1万円を超えるのが先か、NYダウが1000ドルを超すのが先か、1000円賭けよう」と言われたのです。どちらが勝ったかは忘れてしまいましたが、当時、日経平均とNYダウの額はそのぐらいの水準だったのをよく覚えています。

それから約40年経過した今、どのぐらいまで伸びているでしょうか。日経平均は一時約4万円をつけました。1982年当時のおよそ4倍です。そしてNYダウは約4万ドルですから、およそ40倍まで上がっているのです。

第4章でも触れましたが、今、投資に興味を持つ若い人たちの多くが「eMAXIS Slim 米国株式（S&P500）」を購入しているそうです。この商品は、米国大型株で構成するS&

図表5-1　日経平均株価、ニューヨークダウ平均株価の推移

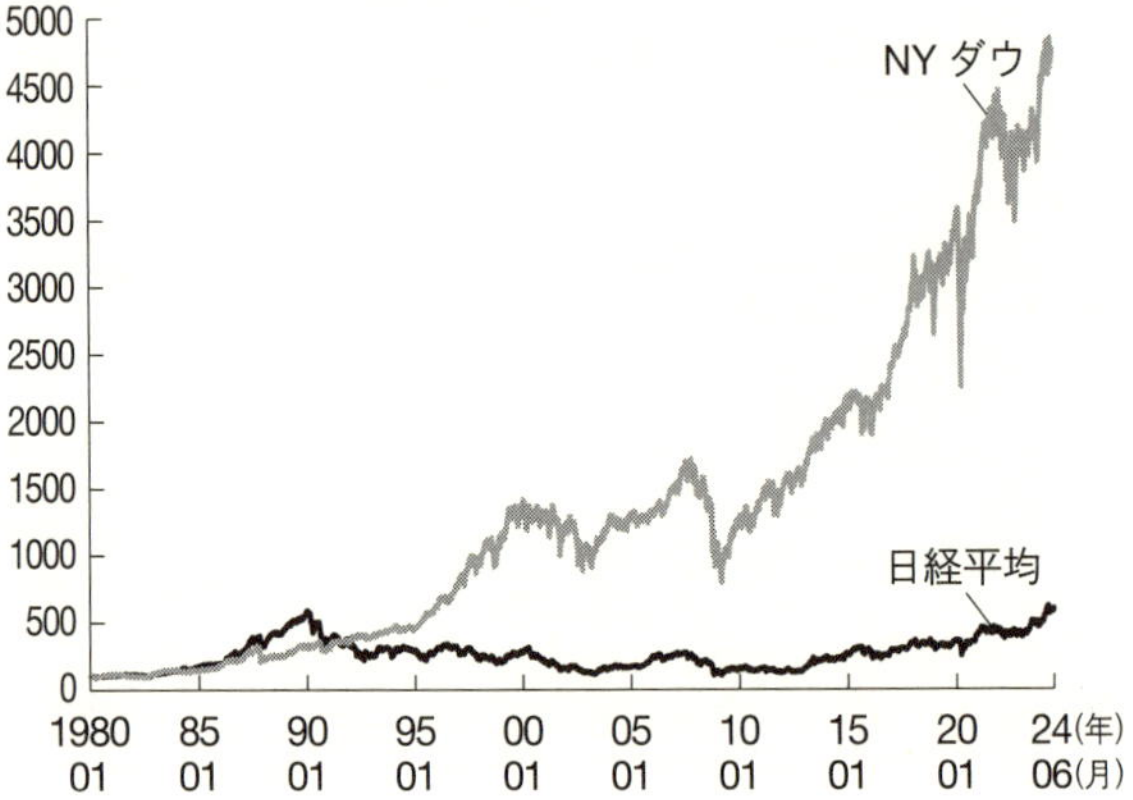

［注］ 1980 年 1 月末を 100 として指数化
［出所］ Bloomberg のデータをもとにマネックス証券作成

P500指数に連動することを目指すインデックスファンドです。今の若い人たちはよく勉強していると思いました。先ほどの株価の伸び方を考えると、日本株式に投資する投資信託よりも、米国株式に投資する投資信託のほうが有利なのは明らかです。もちろん、米国株に連動する投資信託は価格変動リスクに加え為替変動リスクもある高リスク商品なので、慎重に選ぶ必要があります。

私はこの商品をみなさんにすすめているわけではありませんが、特に投資信託や株式を購入する際は、投資先が長期的にどのぐらいのスピードで成長しているか、将来性はどのぐらいあるかをしっかり吟味することが重要です

（この後の項目で、購入すべき株式の選び方や買い時の見極め方について詳しく解説します）。

2　株式投資で個人がプロに勝てるもの

　これから投資をやってみようと思っている人、あるいは投資で自分のお金を増やしていきたいと考えている人に覚えておいてほしいことがあります。それは、個人が投資をする場合、短期ではプロに絶対に勝てないということです。

　金融市場には機関投資家やヘッジファンドなどのように、莫大な資金を集めて、さまざまな金融商品を売買することで利益を生み出すプロがいます。彼らは、いわゆる素人（個人）よりもはるかに有利な立場にいることを忘れてはなりません。

　プロには、個人とは比べものにならないほどの情報量と資金量があります。彼ら自身も非常に優秀で、瞬間的な判断力や思考力にたけています。プロが使うコンピューターも超高性能で、1000分の1秒という単位で金融商品の売買を繰り返すことができるのです。そんなプロたちを相手に、個人が短期間の勝負で勝ち続けられるわけがありません。

しかし、このようにプロと個人が同じ土俵で戦っているのが金融市場です。投資をしようと考える人は、この点を認識しておかなければなりません。

ただし1つだけ、株式市場で素人である個人がプロに勝てるものがあります。それは何でしょうか。答えは、「時間」です。個人は長い期間、株式を保有することができるのです。

一方で、プロのファンドマネージャーたちは、半年、あるいは四半期でどれだけ利益をあげたかといったパフォーマンスを評価されますから、収益を上げるために長い時間をかけることはできません。場合によってはもっと短い期間で業績を管理されて、ボーナスをいくら出すか、あるいはクビにするかどうかを判断されてしまうのです。したがって、プロは結果を出すために、短期売買を繰り返して、できるだけ多くの利益を上げようとします。彼らの評価の基準は、日経平均やS&P500といったインデックスをどれだけ上回ったかです。

このような動きは、市場にも大きく影響します。例えば株式市場の場合、一部の投資家が買い始めるとみなもいっせいに買い始めますから、株価が実力よりも高くなってしまいます。この流れに莫大なマネーが乗っかりますから、市場が一気に過熱します。反対に誰かが売り始めると、プロは「早く売らないと負けてしまう」と考えて、いっせいに売りに出るのです。特にリーマン・ショックやコロナ・ショックなどの金融危機が来ると、プロのファンドマネージャーたちはいっせいに売り始めるので、実力よりも相場が下がります。

では、個人はプロに対してどのように戦ったらよいのでしょうか。

プロに唯一勝てる要素は時間でしたね。この時間を有効に使えばいいのです。個人が株式投資で失敗しないためには、「株式を安いときに買って、長期で保有する」という方法が有効です。米国の著名な投資家であるウォーレン・バフェット氏も、「全体の相場が下がったときに優良銘柄を買う」と言っています。

私は、絶対にデイトレード（1日の間に売買を繰り返すこと）のような短期売買はやりません。株式はすべて長期保有しています。「暴落した時期に、実力より下回る株価がついたタイミングで優良銘柄を買い入れ、相場が過熱したタイミングで売り抜ける」ことが、株式投資でもうける最大のポイントになります。

では、どのタイミングで買い、どのタイミングで売ればいいのでしょうか。その見極め方については、まず投資に関連する指標を解説してから紹介します。

3 「PER」「PBR」から株価が割安かどうかを判断

PERは各銘柄のクセに注意

「日本の株式市場は今、バブルなのでしょうか」「日本経済はあまり強くないのに、なぜ株価が上がっているのでしょうか」と質問されることがあります。私の感覚では、今の株式相場はそれほど高いとは感じません。個別銘柄の株価が割安かどうかを見るためPERとPBRに注目してみましょう。

PER（株価収益率＝株価÷1株あたりの純利益）とは、株価が1株当たりの純利益の何倍かを示す指標です。基本的には、この数字が低いほど株価が割安だと考えてください。上場企業の平均は2024年8月の大幅調整前で17倍程度、大幅調整後でも14倍ほどです。新興企業や伸び盛りの企業では50倍以上まで高くなることがあります。

バブル絶頂期だった1989年、日経平均株価を構成している銘柄のPERは一時期60倍まで達していました。コロナ禍に突入した2020年4月ごろは14倍前後。そして2024

年7月は17倍前後でした。実際、個別企業の業績も悪くありません。これらの数字を見る限り、今はバブルとはいえないと思います。

全体のPERの平均値は、後述する「日本経済新聞」朝刊の「市場体温計」に掲載されていますし、個別銘柄の値を見る場合はインターネットで検索すると出てきますので、ぜひチェックしてみてください。

個別銘柄を買うときは、全体のPERのみならず各銘柄のPERを見ます。この見方は少し難しく、銘柄によって特色（クセ）があることに注意が必要です。期待値の高い銘柄は50倍を超えますし、商社や銀行は10倍前後と低い水準で推移する傾向があります。今、PERが上昇している銘柄も、長期的に成長が期待できなくなってくるとPERが下がっていきます。個別銘柄のPERは、長期的に見続けているとそのクセが分かるようになりますから、継続して観測することが大切です。

また、同業の企業の中でも、相対的にPERが低い銘柄と高い銘柄があります。PERの低い銘柄は人気が低いともいえますが、株価の下落リスクが小さいという良い面もあります（ただし、下がらないという意味ではありません）。

PBRは1倍が目安の1つ

続いて、**PBR**（株価純資産倍率＝株価÷1株当たりの純資産）という指標を紹介します。東証はこれを1倍以上にするように各企業にうながし、話題になりました。PBRは、企業が持つ純資産から見て、株価がどれだけ割安かを示す指標です。純資産とは、企業の資産や負債などの状況をまとめた「貸借対照表」に載っている数字で、「資産」から「負債」を差し引いたものです。企業の実質的な帳簿上の価値だと考えてください。これを株数で割った1株当たりの純資産に対して、株価が何倍であるかを示したものがPBRです。この数字が低いほど、株価は割安だと判断できます。

株価は人気投票のようなところがありますから、人気のない銘柄ではPBRが1倍以下になることもあります。市場全体が冷えているときには、そのような銘柄が増えます。PBRが1倍以下ということは、株価が純資産の価値を割っているということですから、帳簿上の価値（＝純資産）よりも安く買えるということです。大きく株価が下がる可能性が低いともいえますね（これも、絶対に下がらないというわけではありません）。

PERとPBR以外にもさまざまな指標がありますが、まずは市場全体と気になる銘柄の数字を毎日チェックして、傾向をつかむことから始めてください。

4　業績の推移と安全性を見る
——「当期純利益」「利益剰余金」「自己資本比率」

企業の数字で押さえておくべきポイント

みなさんは、どのような企業に投資したいと思いますか。いつも利用している商品を販売している企業、環境活動に注力している企業、将来性のある企業、安定的に利益を上げている企業——さまざまな視点があると思います。

どれも正解だと思いますが、みなさんがこれから投資をしようと考えているならば、できるだけ損をしない選択をすべきだと思います。私が株式の投資先を選ぶ際に重視しているのは、次の3点です。

①　安全性が高く、安定的に利益を稼いでいる企業

② 株主還元がしっかりしている企業

③ 将来性のある企業

では、そういった企業かどうかをどのように判断すればよいのでしょうか。実際にはたくさんの注目点があるのですが、本書では最低限押さえるべきポイントを解説していきます。

ここからは、実際に企業の決算短信1ページ目を見ながら、重要な指標を見ていきましょう。2023年12月期の日本マクドナルドホールディングスの決算短信を例に取ります。決算短信とは、証券取引所の要請により企業の決算発表内容をまとめた書類です。主に「財務三表」と呼ばれる「貸借対照表（B／S）」「損益計算書（P／L）」「キャッシュ・フロー計算書（C／S）」の3つが含まれています。

貸借対照表は、その企業がこの先も事業を続けていけるかどうかといった「安全性」を表すもの。損益計算書は、その企業がどのぐらいもうけたかという「収益性」を表すものです。そしてキャッシュ・フロー計算書は、安全性とともに、その企業が現金を何に使っているか、何にどれだけ投資しているかという「将来性」を表しています。それぞれの読み方は

図表5-2　日本マクドナルドホールディングス決算短信1枚目

2023年12月期　決算短信〔日本基準〕（連結）

2024年2月8日

上場会社名　日本マクドナルドホールディングス株式会社　上場取引所　東
コード番号　2702　URL　https://www.mcd-holdings.co.jp
代表者　（役職名）代表取締役社長兼最高経営責任者（CEO）　（氏名）日色保
問合せ先責任者　（役職名）日本マクドナルド株式会社取締役　最高財務責任者　（氏名）吉田修子　TEL　03-6911-6000
定時株主総会開催予定日　2024年3月26日　配当支払開始予定日　2024年3月27日
有価証券報告書提出予定日　2024年3月27日
決算補足説明資料作成の有無：有
決算説明会開催の有無　：有（アナリスト向け）

（百万円未満切捨て）

1．2023年12月期の連結業績（2023年1月1日～2023年12月31日）

（1）連結経営成績　（%表示は対前期増減率）

	売上高		営業利益		経常利益		親会社株主に帰属する当期純利益	
	百万円	%	百万円	%	百万円	%	百万円	%
2023年12月期	381,989	8.4	40,877	20.9	40,734	24.1	25,163	26.2
2022年12月期	352,300	10.9	33,807	△2.1	32,813	△2.4	19,937	△16.7

（注）包括利益　2023年12月期　25,134百万円（25.7%）　2022年12月期　19,995百万円（△16.4%）

	1株当たり当期純利益	潜在株式調整後1株当たり当期純利益	自己資本当期純利益率	総資産経常利益率	売上高営業利益率
	円 銭	円 銭	%	%	%
2023年12月期	189.26	−	11.6	13.8	10.7
2022年12月期	149.96	−	9.9	12.2	9.6

（参考）持分法投資損益　2023年12月期　−百万円　2022年12月期　−百万円

（2）連結財政状態

	総資産	純資産	自己資本比率	1株当たり純資産
	百万円	百万円	%	円 銭
2023年12月期	311,393	226,673	72.8	1,704.84
2022年12月期	277,365	206,724	74.5	1,554.80

（参考）自己資本　2023年12月期　226,673百万円　2022年12月期　206,724百万円

（3）連結キャッシュ・フローの状況

	営業活動によるキャッシュ・フロー	投資活動によるキャッシュ・フロー	財務活動によるキャッシュ・フロー	現金及び現金同等物期末残高
	百万円	百万円	百万円	百万円
2023年12月期	48,474	△14,178	△5,419	65,240
2022年12月期	23,775	△32,222	△5,459	36,362

2．配当の状況

	年間配当金					配当金総額（合計）	配当性向（連結）	純資産配当率（連結）
	第1四半期末	第2四半期末	第3四半期末	期末	合計			
	円 銭	円 銭	円 銭	円 銭	円 銭	百万円	%	%
2022年12月期	−	0.00	−	39.00	39.00	5,185	26.0	2.6
2023年12月期	−	0.00	−	42.00	42.00	5,584	22.2	2.6
2024年12月期（予想）	−	0.00	−	42.00	42.00		20.7	

3．2024年12月期の連結業績予想（2024年1月1日～2024年12月31日）

（%表示は、対前期増減率）

	売上高		営業利益		経常利益		親会社株主に帰属する当期純利益		1株当たり当期純利益
	百万円	%	百万円	%	百万円	%	百万円	%	円 銭
通期	406,000	6.3	45,500	11.3	44,500	9.2	27,000	7.3	203.07

本書では詳しく触れませんが、ここでは財務三表の内容だけは頭に入れておいてください。重要な数字は図表5－2にあるように決算短信の1ページ目にまとめられていますので、まずはそれを見るだけでも十分です。

投資家がもっとも重視すべき指標の1つが、損益計算書にある**当期純利益**です（決算短信1ページ目にもあります）。売上高も大切ですが、費用や税金を差し引いて、結局いくらもうかったのかを示す当期純利益は、必ず見るべき指標です。なぜならば、この当期純利益が、株主に帰属する利益だからです。その金額は、貸借対照表にある「純資産の部」の「利益剰余金」にいったん入り、そこから株主に配当が支払われます。

当期純利益は、「親会社株主に帰属する当期純利益」と「非支配株主に帰属する当期純利益」の2つに分けられます。このうち、親会社株主に帰属する当期純利益が本来的には配当の原資となるのです（図表5－2の決算短信では、1段目の右に「親会社株主に帰属する当期純利益」があります）。

配当の原資である当期純利益を、最低でも3期までさかのぼって推移を見てください。業績にどれだけブレがあるか、安定的に黒字を稼いでいるかどうかが分かります。

ただ、当期純利益の推移は業種ごとに特徴があります。例えば、鉄鋼業や電気機器業のような装置産業は莫大な設備投資を必要とするために、減価償却費などの固定費が多くかかります。すると、売り上げが損益分岐点を上回るまでに時間がかかり、それまでは巨額の赤字が出てしまいます。しかし、売り上げが損益分岐点を超えると大きな利益を生み出せるようになりますから、こういった業種の安定性をチェックするためには長期的に見る必要があるのです。

また、配当を重視する人にとっては、当期純利益と同様に**利益剰余金**を見る必要があります。利益剰余金とは、利益の蓄積です。先ほど触れた当期純利益から配当などを差し引いた残りが、利益剰余金として蓄積されます。

なぜ、この利益剰余金が重要なのでしょうか。トヨタ自動車は、リーマン・ショック後の2009年に大幅な赤字に転じたときでも、投資家への配当を続けていました。当期純利益がマイナスなのに、なぜ配当が出せるのかといえば、それまでの利益が10兆円単位の利益剰余金として積み上がっていたからです（配当余力が大きいといえます）。反対に、当期純利益が黒字であっても、それまでの赤字によって利益剰余金がマイナスならば配当を出すことはできません。

本当に稼げる企業は、利益剰余金が潤沢にあります。不測の事態に陥っても、利益剰余金を分配して配当することもできるのです。一番いいのは、当然ですが、利益剰余金をたくさん持っているうえに、毎年、当期純利益を安定して稼げる企業です。

ただし、ブレもあります。リーマン・ショックやコロナ・ショックなどのように世界的な経済危機が起こったら、ほとんどの企業は波にのまれてしまうでしょう。そういうときに、利益剰余金を十分に持っている企業は乗り切れるのです。長期投資をする場合は、この点をしっかりと見ておかねばなりません。

安全性を見る指標

そしてもう1つ、**自己資本比率**（＝純資産÷資産）もチェックすることをおすすめします。自己資本比率とは、企業の中長期的な安全性を示す指標です。

自己資本比率の分子となる**純資産**（≒**自己資本**）は、返済する必要のないお金です。一方で返済する必要があるお金は負債といいます。企業としては、返済義務がある負債よりも、返済義務がない純資産が多いほど、中長期的な安全性が高くなります（決算短信などでは、純資産の一部である「株主資本」と「評価・換算差額等（＝その他の包括利益累計額）」の合計を「自己資本」として自己資本比率を計算するやり方もありますが、多くの企業では先ほどの計算式とほとんど大きな差が出ませんので、ここでは計算しやすい「純資産÷資産」を自己資本比率と考えます）。

では、自己資本比率が何％以上あれば安全だといえるのでしょうか。これは業種によって異なるのですが、工場や建物などの**固定資産**を多く持つ製造業は、20％以上あれば一般的には安全といえます。

売掛金（販売したけれど回収できていないお金）や在庫などの**流動資産**が多い商社や卸売業などは、15％以上あれば安全です。

これら以外の業種でも、自己資本比率が10％以上あることが中長期の安全性の判断基準となります。10％を切っていたら過小資本であり、安全性の低い状態だと判断してください。

例外は金融業です。金融業はお金を取り扱っていますから、現金を潤沢に持っているうえに収益性も高い業種です。そのため、自己資本比率が10％をある程度切っていても安全といえます。

ちなみに、マクドナルドの場合はどうでしょうか。図表5－2の決算短信を見ると、上から3段目に自己資本比率がありますね。2023年12月期は72・8%。十分過ぎるくらい安全な水準です。

5　株主還元をしっかりしているか――「配当性向」「配当利回り」

利益を配当に回している比率

先ほど、投資先を選ぶ際のポイントとして「②株主還元がしっかりしている企業」を挙げました。投資家からの視点では、やはり株主に対して安定的に配当している企業を選びたいものです。

企業が株主還元についてどのように考えているのかを調べるときに見てほしいのは、配当性向と配当利回りです。**配当性向**とは、当期純利益の何%を配当に回したのかという割合を示す指標です。次のような計算式で示されます。

配当性向＝年間の配当支払額の総額÷当期純利益

または、

配当性向＝1株当たりの配当額÷1株当たりの当期純利益

2023年度の上場企業の平均配当性向は33％でした。株主を軽視する企業は大幅に減ってきたので配当性向は上がる傾向にあり、30％を切ると少ない印象があります。

中には配当性向が50％を超える企業もあります。好業績で自己資本比率が高く、利益剰余金も十分にある場合には、機関投資家などが株主への還元を求めます。企業側も無理に投資するよりは株主に還元したほうがいいと考え、配当という形で還元すると、配当性向が50％を超えることがあるのです。

私は、安定して利益を出していることを前提として、配当性向が30〜50％ぐらいあるかどうかを見るようにしています。あまりにも配当しすぎると企業にお金が残らなくなり、未来に向けた投資が十分にできなくなってしまう可能性があります。配当性向は、配当の実額、業績（特に当期純利益）、利益剰余金などの推移とあわせて見ることが大切です。

そして、その際は1期の数字だけを見るのではなく、最低3期さかのぼって見るようにしてください。利益を出し続けているか、安定的に配当しているか、増配しているかなどの点を確認することで、その企業の株主還元に対するスタンスが読み取れます。

マクドナルドの配当性向はどうでしょうか。図表5－2の決算短信を見てください。下から2番目の段の右に「配当性向（連結）」が載っています。2022年12月期は26・0%、2023年12月期は22・2%、2024年12月期の予想は20・7%とありますね。先ほど触れた上場企業の平均値を下回っていますが、マクドナルドは利益剰余金を潤沢に持っており、2014年と2015年の最終赤字のときも変わらず配当を続けていました。非常に安定した企業だといえます。

株価に対してどれだけ配当が得られたか

続いて配当利回りです。**配当利回り**は、株価に対して1年間でどれだけの配当が得られたかを示す指標です。計算式は次のようになります。

配当利回り ＝ 1株当たりの年間配当額 ÷ 株価

例えば、株価1000円の企業の1株当たりの年間配当額が50円だった場合、50円÷1000円＝0・05となり、配当利回りは5％です。

「日経会社情報DIGITAL」（日本経済新聞社）や「会社四季報」（東洋経済新報社）などには、**予想配当利回り**が掲載されています。これは、記者が予想した配当額や企業が発表している予想配当額に対して、現在の株価だとどのぐらいの配当利回りかを示したものです。

私は配当利回りの高い銘柄を買うようにしています。もちろん、その企業の決算短信から安全性や収益性を調べたうえで、配当利回りの高い銘柄を選びます。長期間にわたって配当利回りの高い企業は収益性が高い場合が多く、かつ株主還元を積極的に行っているといえます。

繰り返しになりますが、大切なのは、普段から企業の安全性と収益性を分析して、投資したい企業を見つけておくことです。そして、その企業の株価が安くなったときに買う。これが私のやり方です。

6　株主はなぜ「ROE」を重視するのか

株主が預けたお金が効率よく使われているか

私が注意している指標に**ROE（自己資本利益率）**があります。これは、投資家がもっとも注目している指標といえるでしょう。ROEとは、株主が企業に預けているお金（自己資本）を使って、どれだけリターン（利益）を稼いでいるかを見る指標です。次の式で算出されます。

ROE＝当期純利益÷自己資本（純資産）

純資産（復習になりますが、企業が持つ資産のうち返済する必要のないお金です）を構成するのは、純資産のうち、主に資本金や利益剰余金などの**株主資本**です。これに評価・換算差額等を足したものが**自己資本**です。このROEが高いほど、株主から預かったお金を使って効率よく利益を稼いでいるといえます。

ROEを計算する際は、必ず株主に帰属する当期純利益を使うことに注意してください。株主に帰属する利益は、営業利益でも経常利益でもなく当期純利益だからです。

近年では「ROE目標10％以上」を掲げる企業も増えてきて、実際に10％を超える企業もあります。少なくとも、多くの企業が8％を超えるようになってきました。私の見方では、10％前後の水準であれば十分だと考えています。

ROEは決算短信にも掲載されています。もう一度、図表5－2のマクドナルドの決算短信を見てください。上から2段目に「自己資本当期純利益率」とありますね。これがROEです。2023年12月期は11・6％ですから、十分高い水準だといえます。

ROEを見ることで、その企業の自己資本（純資産）が有効に活用されているかを確認することができます。この場合は、他社と比較することも重要です。他社と比べて自己資本が有効活用できていない場合には、株主から見捨てられることになりかねません。投資家がROEに注目する理由は、ここにあります。投資家はROEを大きな参考材料の1つとして株式を売買しますから、「自社の株価を下げたくない」と考える経営者は、ROEに神経を使わざるをえないのです。

投資家の多くが「ROEの高い企業は、自分たちが預けているお金に対して効率よく利益を稼いでいる。そういう企業に投資したい」と考えるため、ROEの低い企業の株式は売られ、株価が下がります。すると、投資家はますますROEの低い企業から高い企業へ資金を移しますから、ROEの低い企業の株価は低迷することになります。株価が低迷すると、その企業の時価総額が低くなり、他の企業やファンドから買収されやすくなります。そういった事態を避けるためにも、上場企業の経営者はROEを高めようとするのです。

ROEだけで判断するのは危険

では、自社のROEを高めるにはどうしたらいいのでしょうか。方法は2つあり、1つは計算式の分子に当たる当期純利益を大きくすること。もう1つは、計算式の分母に当たる自己資本を小さくすることです。

後者の場合、企業は自社株の買入消却（自社株買い）を行うことがあります。企業が自社株買いをすると、その分だけ自己資本が減り、ROEの計算式の分母の値が小さくなり、ROEが高くなるのです。

なお、自社株買いは株主還元の1つでもあります。企業が自社株買いを発表すると、今後、確実に買われるために株価が上がる傾向があるからです。さらに、自社株買いによって、その分、計算上の株数が減りますから、1株当たりの利益や1株当たりの配当が上昇するのです。

では、どの企業も自社株買いをどんどんやればいいのではないか、と思うかもしれません。しかし、デメリットもあります。

先ほど、企業の中長期的な安全性を測る指標として自己資本比率を説明しました。これは、「純資産÷資産」で算出しましたね。自社株買いを行うと、自己資本が減るわけですから、純資産が減り、自己資本比率が下がります。つまり、自社株買いを行うことで、中長期的な安全性が低下するのです。

自社株買いが発表されたとしても、メリットばかりではありません。自己資本比率が高い企業が自社株買いを行うのは問題ありませんが、それほど高くない企業がROEや株価向上のために自社株買いを発表したときは、自己資本比率に注意してください。

もう1つ、注意してほしいことがあります。先ほど、ROEを高めるためには、当期純利益を増やすか、自己資本を減らすかの2通りしかないと説明しました。前者の場合、業績を伸ばすだけではなく、人件費などのコストを一気に削減することで営業利益、ひいては当期純利益を増やすこともできます。

ただ、人件費の削減で給与が減れば、社員のモチベーションは下がってしまいますよね。また、大幅な人員削減を行えば、業務に支障が出る恐れもあります。企業価値を生み出す源泉は人ですから、中長期的には、売上高や利益が減ることにもなりかねません。無理なコスト削減は、経営の仇《あだ》となるのです。

ROEの高い企業は、一般的には優良企業ですが、ROEだけを見て判断するのは危険です。中長期的な安全性や収益性、今後の成長性なども考えた経営がなされているかにも注意するようにしてください。

７　株式の買い時は日経新聞「市場体温計」を見たくないとき

みなが株式に見向きもしないときを狙う

先ほど、個人が株式投資で利益を上げるためには、「株式を安いときに買って長期保有する」ことが大切だと説明しました。では、どのようなときに株式を買えばよいのでしょうか。それは、「日本経済新聞」にある「市場体温計」を見たくないときです。

「市場体温計」は、毎週火曜日から土曜日までの日経新聞朝刊「マーケットデータ」面に掲載されています。株式市場の投資情報として、前日の日経平均株価や東証株価指数(TOPIX)、売買代金、外国為替のほか、日経平均株価採用銘柄のPER、PBR、配当利回りなどがまとめられています。

例えば、世界同時不況が起こった２００９年から２０１０年ごろは、株価が下落し続けていて、多くの個人投資家は「株価が下がりすぎて、株式欄を見たくない」「株式はもう塩漬け

図表 5-3　日本経済新聞「市場体温計」

28日 東証プライム　市場体温計

日経平均株価(225種)	39583円08銭	(＋241円54銭) 騰落率＝＋0.613%
東証株価指数(TOPIX)	2809.63	(＋15.93) 騰落率＝＋0.570%
売買代金	4283394百万円	(＋297412百万円)
売買高	171353万株	(＋9094万株)
売買単価	2492.4円	
売買高上位10銘柄の占有率	34.7%	
騰落レシオ(25日移動平均)	115.72%	
時価総額	9775658億円	(＋47527億円)
普通株式数(百万株)	430087	1株当たり時価(円) 2272.94

上場銘柄数	1645	値上がり	660		
売買成立	1645	値下がり	924	変わらず	61
新値株(年初来)		高値	110	安値	4

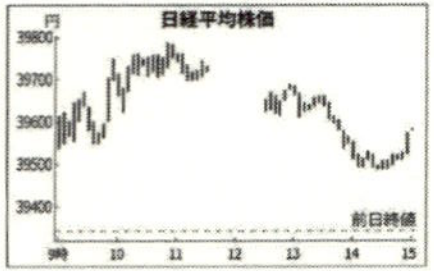

始値 39593円01銭　高値 39783円70銭(10時54分)
午前終値 39727円91銭　安値 39485円73銭(14時37分)

＜外国為替＞

ドル／円	1ドル＝	160.92～160.94円
ユーロ／円	1ユーロ＝	172.13～172.17円
ユーロ／ドル	1ユーロ＝	1.0696～1.0698ドル

(17時、銀行間直物、日銀公表)

＜金利＞

新発10年国債利回り	1.050%	(－0.020)
	(374回債、日本相互証券、終値)	
無担保コール翌日物金利	0.076%	(－0.001)
	(短資協会、加重平均、速報)	

＜商品＞

金(1グラム)	12066円	(＋174円)
ドバイ原油(1キロリットル)	74680円	(－210円)
	(日本取引所グループの期先清算値)	
＜日経・ＪＰＸ商品指数＞02年＝100	670.30	(＋6.18)
工業品	677.96	(＋6.28)

＜国内株式など＞

ＪＰＸ日経インデックス400	25684.60(＋167.74)
ＪＰＸ日経中小型	20129.92(－23.11)
日経気候変動指数	39153円55銭(＋243円01銭)
ＪＰＸプライム150指数	1233.40(＋4.66)
東証プライム市場指数	1446.20(＋8.21)
東証スタンダード市場指数	1279.99(－0.23)
東証グロース市場指数	851.42(－7.89)
東証グロース市場250指数	661.24(－7.06)
東証ＲＥＩＴ指数	1724.02(0.00)
日経ＥＳＧ－ＲＥＩＴ指数	957.78(－0.11)
日経高利回りＲＥＩＴ指数	1237.18(＋1.51)
日経平均ＶＩ	16.13(－0.05)
日経配当指数(2024年)	301円23銭

＜アジア株＞

日経アジア300インベスタブル指数(円ベース)	1862.71(＋8.74)
上海総合(中国)	2967.403(＋21.551)
韓国総合(韓国)	2797.82(＋13.76)
ハンセン(香港)	17718.61(＋2.14)
加権(台湾)	23032.25(＋126.27)
ＶＮ(ベトナム)	1245.32(－13.77)
クアラルンプール総合	1590.09(＋5.15)
ＳＴ(シンガポール)	3332.80(－10.55)
ジャカルタ総合	7063.577(＋95.626)
ＳＥＴ(タイ)	1300.96(－8.50)
オールオーディナリーズ(豪)	8013.8(＋11.0)

◇投資指標〔ＰＥＲと配当利回りの太字は予想、カッコ内は前期基準、ＰＢＲは四半期末基準、連結ベース〕

	ＰＥＲ(倍)	ＰＢＲ(倍)	配当利回り(%) 単純平均	配当利回り(%) 加重平均
日経平均採用銘柄	16.74(16.94)	1.50	1.80(1.74)	
ＪＰＸ日経400採用銘柄	16.79(16.72)	1.58	1.93(1.88)	2.16(2.04)
東証プライム全銘柄	16.47(16.70)	1.41	2.25(2.14)	2.19(2.05)
東証スタンダード全銘柄	14.43(15.59)	1.03	2.28(2.29)	2.19(2.34)
東証グロース全銘柄	50.67(96.73)	3.26	0.63(0.52)	0.47(0.41)

株式益回り(東証プライム全銘柄)　予想 6.07%　前期基準 5.98%

◇各種指数(カッコ内は前日比、%は騰落率)

日経株価指数300	600.48(＋3.73)
日経500種平均株価	3392円00銭(＋5円18銭)
日経平均高配当株50指数	72250.79(＋710.22)
日経連続増配株指数	47917.53(－77.28)
日経累進高配当株指数	45553.79(＋178.24)
日経半導体株指数	11374.03(＋107.67)
日経平均内需株50指数	27440.02(＋198.78)
日経平均外需株50指数	41851.81(＋182.87)
日経平均トータルリターン	70056.40(＋430.87)
日経平均ＶＩ先物指数	3587.88(－0.33%)
単純平均(東証プライム全銘柄)	2983円13銭(－2円47銭)
東証規模別株価指数 大型	2810.46(＋23.01)
中型	2886.29(＋4.32)
小型	4625.89(－8.49)

［出所］　日本経済新聞 2024 年 6 月 29 日付朝刊

にしておこう」と思っていたでしょう。日経新聞を読むときも、株式に関する面は読み飛ばしたい心境だったと思います。こういう時期が、株の買い時なのです。

家電製品でも時計でも、買おうと考えたら安いときを選んで買いますよね。しかし不思議なことに、株式だけは、多くの人が、価格が上がっているときに買ってしまいます。だから失敗が多いのです。

みなが株式に見向きもしないときは、市場も閑散とし、株価が乱高下することは少なく、1週間ぐらい放っておいてもそれほど大きく変動しないことが多いのです。全体の相場が落ち着いていると優良銘柄を安く買うことができますし、配当利回りが3〜4％取れる場合も少なくありません。そういうときに買うのがコツです。

市場全体の「売買代金」も毎日チェック

ちなみに、みなが株式に見向きもしないタイミングには市場の**売買代金（出来高）**も下がります。市場全体の過熱感を判断するために、私は売買代金（出来高）を毎日チェックしています。売買代金とは、取引が成立した株式の売買総額です。

リーマン・ショックやギリシャ危機などを経験し、未曾有《みぞう》の大不況の底だった2010年2月には、株式市場が冷え込み、1日当たり1兆円前後で推移していました。一方、市場が過熱しつつあった2024年2月には4兆円前後まで膨らみました。市場の参加者がそれだけ増えたということですね。乱高下しているときにも売買高は増えます。このように売買代金を毎日チェックしていると、株式市場の活況感が見えてきます。

基本的には、売買代金が底をはっているときが株式の買い時、売買代金が上昇し続けているときが株式の売り時です。ただ、「上昇しているときといっても、どこまで上昇するか分からない」と思う人もいるでしょう。その通りで、売るタイミングは非常に難しいのです。

先に紹介した米国の著名投資家ウォーレン・バフェット氏は、「4割くらいもうかったときに売り抜ける」と言っています（私は長期保有を前提としているので、その通りにはしませんが）。その点は個人の判断になりますが、大原則は投資の格言の「頭と尻尾はくれてやれ」です。投資家の心理としては、最安値で買い、最高値で売りたいと考えるでしょうが、底値で買って天井で売ることはほぼ不可能ですから、買うときも売るときも上下に少し幅を持たせる気持ちの余裕が必要です。

当然のことながら、個別銘柄に特有の動きにも注意が必要です。個別の銘柄、特に時価総額が大きい大型株は相場全体と同じような動きをすることが多いものの、一部の銘柄はクセのある動きをします。先に説明したように、個別銘柄の株価とPERやPBRなどの指標を見て、過熱感を判断するようにしましょう。

一番大切なことは、狙った株式を買い時にスムーズに購入するためには、ある程度の余剰資金を持っておかなければならないということです。同時に、欲しい銘柄を決めて、チェックし続ける必要があります。そして、狙いを定めて買った株も、往々にして下がることがあります。そのときに、次節でも説明する買い値より低い値で買う「ナンピン買い」ができるかも、株式投資のリターンに大きな影響を与えます。いずれにしても、余裕資金があるほうが有利なことは言うまでもありません。

先に述べたように、普段から株式を買いたい企業の決算短信などを見て、長期的な安全性や収益性をチェックしておきましょう。その企業の商品や戦略についてのニュースに目を光らせておくことも大切です。そういう株式を、市場全体が下げているときに買うのです。

株式の買い時を見極めるには、経済の大きな流れに注意する必要があります。毎日、新聞やネットで経済や企業の情報、景気指標をチェックし続けてください。

8 「守るお金」と「攻めるお金」を分ける

今、みなさんの全資金はいくらあるでしょうか。例えば500万円あるとして、そのお金をどのように運用するでしょうか。全額、銀行に預金する。あるいは、株式に投資する。さまざまな選択肢がありますが、最初にやるべきことはどれも違います。

まずは、みなさんが持っているお金を「守るお金」と「攻めるお金」の2つに分けることから始めてください。「守るお金」とは、皆さんと家族の生活を守るお金です。生活費、子どもの教育費、マイホームの頭金、万が一のときに取っておくお金などが含まれます。要するに、いつか必ず必要になるお金や、なくなると絶対に困るお金のことです。

一方、「攻めるお金」とは、退職後のゆとり資金など、当分の間は使う予定のないお金です。投資に使うのは「攻めるお金」です。万一、目減りするようなことがあっても当面生活への影響が少ないので、株式や投資信託、外貨建て預金などの投資に回すことができます。

投資には必ずリスクがともないます。増える可能性がある半面、元本割れしてしまう恐れもあるのです。近年注目を集めているＮＩＳＡも、投資である以上、損をすることもありえます。こうしたリスクを覚悟のうえで、投資の元手としてリターンを狙っていくことから、私は投資に使うお金を「攻めるお金」と呼んでいます。

では、どのように分けていけばいいのでしょうか。まずは「守るお金」がどれだけ必要かを算出し、残ったものが「攻めるお金」になります。投資をする際は、この「攻めるお金」の範囲内で行うことが大原則です。

なお、投資といっても、その種類はたくさんあります。個別企業の株式への投資やＦＸ（外国為替証拠金取引）といったハイリスク・ハイリターンの金融商品もあれば、個人向け国債などのローリスク・ローリターンの商品までさまざまです。

投資には誰にでも当てはまる正解はありません。自分のやりたいことやライフスタイル、性格に合ったリスクを総合的に判断し、金融商品を選ぶ必要があります。

ちなみに、株式投資で資産を増やそうと思った場合、「資金量」が重要になります。厳しい現実ですが、株式投資は資金を潤沢に持つ人が勝つゲームです。例えば個人が、相場が下がったタイミングで「買い時だ」と考えて1株3500円の優良株を買ったとします。でも、その株価が予想よりも下がってしまい、3000円を切ってしまいました。資金量が少ない場合、ただがっかりして株価が戻るのを待つだけになります。

しかし、資金を潤沢に持つ人は、株価が下がったら追加で買うのです(これを「ナンピン買い」といいます)。こうして保有株の平均投資価格を下げ、どこかで相場全体が上がれば結果的に損をしないのです。株式投資で財産を着実に増やしていこうと考える場合、ナンピン買いができるほどの余剰資金があるかどうかも重要なポイントになります。

9 将来性のある銘柄、8つの条件

最後に、私が投資先を選ぶ際に重視するポイントの1つ、「将来性のある企業」について解説していきます。将来性のある企業とは、どのような企業なのでしょうか。私の考える将来性のある企業は、次の8つに当てはまります。

①　ビジョンや理念、イズム（特有の流儀）がはっきりしている企業

企業が大切にしている価値観や理念を社員全員が共有し、日常の業務や商品開発に落とし込んでいる企業は、社員が一丸となって仕事に取り組み好業績を維持していると、経営コンサルタントの経験上考えています。例えば、私の好きな企業の1つである花王は、「よきモノづくり」のために、製品開発や研究開発への投資を惜しみません。また、自社の技術にもとづいた製品を作り出しています。こういった取り組みが企業の中長期的な安定性を構築していることは間違いないでしょう。

②　商品に優位性があって、経営がしっかりしている企業

その企業でしか生み出せないサービスや商品がある企業は強いといえます。経営学者のピーター・ドラッカー氏は「独自の貢献」という表現をしていますが、それが他社との違いとなり、結果的に収益力を高めます。さらに経営がしっかりしている企業は、何年、何十年とたつと、その差が歴然と出てくるのです。

また、今後必要とされる商品を取り扱っている業種もおすすめです。例えば今、銅が注目

されています。太陽光発電や風力発電といった再生可能エネルギーに必要とされているだけでなく、電気自動車（EV）のモーターやバッテリー、配線などにも多く使われているのです。今後も需要は伸び続けるでしょう。このように需要がなくならない商品に注目して、取り扱っている企業を調べてみるのも1つの手です。

③　誰が経営者になっても、ある程度実績を出していける企業

これは①と②とも深く関係しますが、長期投資をするならば、誰が経営しても存続する企業に投資したほうがいいと思います。例えば、卓越した経営者がいるため、業績を伸ばしている企業があります。そういう企業もいい企業だとは思いますが、経営者に依存しすぎていると、経営者が交代する場合に業績が下降する確率が高いのです。

④　財務的に安定している企業

下値リスクを抑えるという点を考えると、財務内容がいい企業を選ぶことをおすすめします。「財務安定性」の高い企業で、特に、先に説明した自己資本比率が一定以上あるところ

です。もちろん、借入額も重要です。私は、貸借対照表から安全性を、損益計算書から収益の安定性を調べます。こうした財務内容は、各企業のウェブサイトを調べれば決算短信や決算報告から見ることができます。

先に紹介したように、決算短信の1ページ目だけでも重要な情報がたくさん載っています。決算短信には、財務三表のほか事業戦略の説明、当期の経営成績の概況なども詳しく書いてありますので、ぜひ目を通してみてください。

⑤ 海外展開をしている企業

残念なことですが、第1章から第4章にかけて説明してきたように、日本経済は、少子高齢化の進展や、それにともなう社会保障負担の増加、財政赤字の問題などによって、この先、それほど大きな期待はできないと私は考えています。したがって、海外で活躍している企業を選ぶことは、リスクヘッジという点からも重要ではないかと考えます。

では、企業がどれだけ海外展開をしているかを見るには、どこを調べたらいいのでしょうか。それも決算短信です。海外展開をしている企業は、決算短信に「地域別のセグメント情報」を掲載していることも多いので、そちらをチェックするようにしてください。

⑥　ビジネスの内容が理解できる企業

ウォーレン・バフェット氏は、ビジネスの内容がよく分からない企業には絶対投資をしません。企業の中身がよく分かっていて、業績が安定しており、かつ相対的に株価が低い企業にしか投資をしないのです。

彼は、投資のリスクを抑えるために一番大切なことは「投資先をしっかり理解すること」だと考えています。私も投資ファンドのパートナーを長く続けていますが、同感です。その企業が、どんな商品やサービスで利益を上げているのか。なぜ、もうかっているのか。それは「人気があるかどうか」ではなく、自分自身で財務内容やニュースなどを分析して判断してください。

⑦　不正をしない企業

当たり前ですが、投資先として選ぶ企業は不正や問題を起こさない企業でなければなりません。また、不正とまではいかなくとも、メディアで、ブラック企業、ハラスメント問題、情報流出、システム障害などの悪い話題が頻繁に出るような企業は、いくら利益が出ていたとしてもやめておいたほうが無難です。この先、どのような問題が露呈するか分からないからです。そういう意味でも、関心のある企業に関するニュースは常にチェックするようにしましょう。

⑧　経営のうまい企業

私が考える経営のうまい企業とは、新しい試みやユニークな取り組みを積極的に行いながら収益を上げている企業です。やはり、新しいことに挑戦しなければ、収益力を上げることはできません。もちろん、安全性にも配慮しています。

では、そのような企業をどのように探せばいいのでしょうか。それは、新聞によく登場する企業です。もちろん、それは悪いニュースではなく、いいニュースとして登場する場合に限ります。新しい商品やサービスを展開する、新しい働き方を推進している、新たに海外展開を行おうとしているなど、さまざまな形で記事になっています。新聞を毎日読んで、どの企業がどのような取り組みをしているかについて意識していると、経営のうまい企業が少しずつ見えてくるはずです。

おわりに　経済は「常識」で考える

これまでさまざまな指標を見ながら、国内外における経済の大きな流れ、個別業種の動向、金融の動き、そしてみなさんが株式投資をする際のポイントや各企業の見方などについて解説してきました。最後に、経済を読み解くうえでもっとも大事なことについて説明します。

一番忘れてはならないことは、「経済は常識で考える」ということです。

例えば、2022年ごろから東京23区内の新築マンションの価格が急速に上がっています。不動産経済研究所の発表によると、2023年の平均価格は前年比39・4％上昇の1億1483万円となり、データをさかのぼれる1974年以降、初めて1億円を突破したそうです。確かに人件費や建築材料価格が上がっていますし、外国人投資家も物色していますから、マンション価格がある程度上がるのは当然です。しかし、こういった価格の急激な上昇は長期的に続くものでしょうか。

日本は少子高齢化が急速に進む人口減少国家です。住宅の需要が伸び続けることは、外国人が今後も買い入れを続けない限りありえません。オフィス需要も、人口減少が進むうえにテレワークが浸透していくわけですから、都心の一等地を除く地域では需要が減少していくと考えるのが自然です。つまり常識的に考えると、不動産価格が長期的に上がり続ける可能性は低いといえるのです。

それから第4章でも説明したように、日本の金利は異常なほど低いといえます。米国は約3％のインフレ率がある中で、FRBは政策金利を5・25～5・5％に設定しています（2024年7月現在）。同じくユーロ圏でも2・5％前後のインフレ率があり、欧州中央銀行は政策金利を4・25％としています（2024年7月現在）。

一方で日本は、2・5％程度のインフレ率がある中で、日銀は2024年3月にようやく政策金利を0～0・1％、7月に0・25％に引き上げました。繰り返しになりますが、これは金融正常化に向けた第一歩にはとうてい満たず、0・1歩を踏み出したに過ぎません。いずれは、常識的な水準に収斂《しゅうれん》していくと私は考えています。

このように、異常な状態を「おかしい」「不自然だ」「常識的ではない」と判断できる力を身に付けなければ、経済や金融の動きを正確につかむことはできません。なぜかというと、「常識から外れた状況は、いずれ元に戻ろうとする」からです。高騰し過ぎた不動産価格もいずれは下落し、常識的な水準に落ち着くでしょうし、日本の金利も同様に、正常化が進めば常識的な水準まで上昇するでしょう（正常化しなければ、それはそれで大変なことです）。

目の前に広がる状況を常識的に判断する力を付けるには、どうすればいいのでしょうか。まずは、本書で解説してきたようなマクロ経済や金融の基礎知識をしっかり頭に入れたうえで、毎日、新聞やネットのニュースを見ること。そのとき、単に「景気が良くなってきたな」とか、「この企業は業績が悪いな」と思うだけでは不十分です。

みなさんは、そこからもう一歩、深く考えるようにしてください。「では、なぜ景気が良くなってきたのだろう」「なぜ、この企業は業績が悪いのだろう」というところまで分析してほしいのです。

このように考えることに慣れてきたら、最終的には「これから景気はどのように動いていくのだろう」「この企業の業績は、今後、改善していくだろうか」というふうに、自分なりに仮説を立てられるようになってほしいと思います。もちろん、仮説を立てて終わりではありません。その後、必ず新聞や信頼性の高いネット情報などをチェックしながら、仮説を検証することが肝要です。大事なのは、自分の仮説のどこが誤っていたのかを見つけて、考察することなのです。

このように、基礎知識を身に付け、仮説を立てて、検証するという訓練を繰り返せば、だんだんと仮説が当たりやすくなってきます。それが「世の中の流れをつかめてきた」ということです。この過程の中で、「常識で考える力」も身に付いていきます。

ぜひ、これらの点を意識して新聞やネットのニュースを読んでみてください。世の中の流れが分かるようになると、経済の世界がどんどんおもしろくなってくるはずです。「紙一重の積み重ね」でがんばってください。

（注）☆＝日経電子版「経済指標ダッシュボード」

分野	指標名	出所	掲載場所	本書の掲載ページ数
金融	**マネタリーベース** https://vdata.nikkei.com/economicdashboard/macro/#c-o	日本銀行	☆	160
	日銀当座預金残高 https://www.boj.or.jp/statistics/boj/other/cabs/index.htm	日本銀行	日本銀行HP	160
	無担保コールレート翌日物 https://vdata.nikkei.com/economicdashboard/macro/#c-o	日本銀行	☆	166
	新発10年国債利回り https://vdata.nikkei.com/economicdashboard/macro/#c-o	日本相互証券	☆	177
	貯蓄率 https://www.esri.cao.go.jp/jp/sna/sonota/kakei/kakei_top.html	内閣府	内閣府HP	103
	貯蓄率（米国） https://www.jcif.or.jp/report/2024/ALL202407032652.html	米商務省	国際金融情報センターHP	100
	TB3カ月（米国） https://ycharts.com/indicators/3_month_t_bill	米財務省	YCharts HP	95
	10年国債利回り（米国） https://ycharts.com/indicators/10_year_treasury_rate	米財務省	YCharts HP	150
投資	**日経平均株価** https://www.nikkei.com/markets/marketdata/chart/nk225/	日本経済新聞社	日経電子版「マーケット」	191
	売買代金（出来高） https://vdata.nikkei.com/economicdashboard/macro/#c-p	東京証券取引所	☆	217
	ニューヨークダウ工業株30種平均（米国） https://www.nikkei.com/markets/marketdata/chart/dj/	S&P ダウ・ジョーンズ・インデックス	日経電子版「マーケット」	191

（注）☆＝日経電子版「経済指標ダッシュボード」

分野	指標名	出所	掲載場所	本書の掲載ページ数
消費・物価	企業向けサービス価格指数 https://vdata.nikkei.com/economicdashboard/macro/#c-m	日本銀行	☆	86
	消費者物価指数（CPI）（米国） https://vdata.nikkei.com/economicdashboard/macro/#c-s	米労働省	☆	90
	卸売物価指数（米国） https://vdata.nikkei.com/economicdashboard/macro/#c-s	米労働省	☆	91
	生産者価格指数（PPI）（米国） https://vdata.nikkei.com/economicdashboard/macro/#c-s	米労働省	☆	91
	個人消費支出（PCE）（米国） https://www.jcif.or.jp/report/2024/ALL202407032652.html	米商務省	国際金融情報センターHP	105
	消費者信頼感指数（米国） https://jp.investing.com/economic-calendar/cb-consumer-confidence-48	米コンファレンス・ボード	インベスティング・ドットコムHP	106
	消費者物価指数（中国） https://www.jcif.or.jp/report/2024/ALL202407032652.html	中国・国家統計局	国際金融情報センターHP	112
企業	鉱工業指数 https://vdata.nikkei.com/economicdashboard/macro/#c-g	経済産業省	☆	76
	旅行取扱状況 https://vdata.nikkei.com/economicdashboard/macro/#c-d	国土交通省	☆	122
	全国百貨店売上高 https://vdata.nikkei.com/economicdashboard/macro/#c-d	日本百貨店協会	☆	129
	マンション契約率 https://vdata.nikkei.com/economicdashboard/macro/#c-e	不動産経済研究所	☆	135
	新設住宅着工戸数 https://vdata.nikkei.com/economicdashboard/macro/#c-e	国土交通省	☆	138
	生産指数 集積回路 https://vdata.nikkei.com/economicdashboard/macro/#c-h	経済産業省	☆	141
	粗鋼生産高 https://vdata.nikkei.com/economicdashboard/macro/#c-h	日本鉄鋼連盟	☆	144
	ケース・シラー住宅価格指数（米国） https://ycharts.com/indicators/case_shiller_home_price_index_composite_20	S&P	YCharts HP	147
	自動車販売台数（米国） https://www.jcif.or.jp/report/2024/ALL202407032652.html	米商務省	国際金融情報センターHP	153

（注）☆＝日経電子版「経済指標ダッシュボード」

分野	指標名	出所	掲載場所	本書の掲載ページ数
国際	円／ドル相場	日本銀行	☆	40
	https://vdata.nikkei.com/economicdashboard/macro/#c-p			
	国際収支	財務省	財務省HP	53
	https://www.mof.go.jp/policy/international_policy/reference/balance_of_payments/bpnet.htm			
	経常収支	財務省	☆	53
	https://vdata.nikkei.com/economicdashboard/macro/#c-k			
	資本移転等収支	財務省	財務省HP	53
	https://www.mof.go.jp/policy/international_policy/reference/balance_of_payments/bpnet.htm			
	金融収支	財務省	財務省HP	53
	https://www.mof.go.jp/policy/international_policy/reference/balance_of_payments/bpnet.htm			
	貿易収支	財務省	財務省HP	34, 55
	https://www.mof.go.jp/policy/international_policy/reference/balance_of_payments/bpnet.htm			
	サービス収支	財務省	財務省HP	55
	https://www.mof.go.jp/policy/international_policy/reference/balance_of_payments/bpnet.htm			
	所得収支	財務省	財務省HP	55
	https://www.mof.go.jp/policy/international_policy/reference/balance_of_payments/bpnet.htm			
	直接投資収支	財務省	☆	53, 57
	https://vdata.nikkei.com/economicdashboard/macro/#c-k			
財政	普通国債残高	財務省	財務省HP	60
	https://www.mof.go.jp/zaisei/financial-situation/financial-situation-01.html			
景気	日銀短観	日本銀行	☆	66
	https://vdata.nikkei.com/economicdashboard/macro/#c-b			
	景気動向指数(CI)	内閣府	☆	72
	https://vdata.nikkei.com/economicdashboard/macro/#c-c			
	景気ウォッチャー調査	内閣府	内閣府HP	74
	https://www5.cao.go.jp/keizai3/watcher_index.html			
消費・物価	消費支出2人以上世帯	総務省	☆	35, 107
	https://vdata.nikkei.com/economicdashboard/macro/#c-d			
	消費者物価指数	総務省	☆	80
	https://vdata.nikkei.com/economicdashboard/macro/#c-m			
	国内企業物価指数	日本銀行	☆	85
	https://vdata.nikkei.com/economicdashboard/macro/#c-m			
	輸入物価指数	日本銀行	日本銀行HP	85
	https://www.boj.or.jp/statistics/pi/cgpi_release/index.htm			

【主な経済指標一覧】

「掲載場所」については、可能な限り一般読者の方でも取得しやすいサイトのURLを載せています。指標の多くは日経電子版「経済指標ダッシュボード」で閲覧することができます。

（注）本書で登場する指標名と「掲載場所」にある指標名が一部、完全に一致しない場合があります。

（注）2024年8月時点で運営を確認済み。予告なく変更、リンク切れなどが起こる場合があります。

（注）☆＝日経電子版「経済指標ダッシュボード」

分野	指標名	出所	掲載場所	本書の掲載ページ数
GDP関連	**国内総生産(GDP)** https://vdata.nikkei.com/economicdashboard/macro/#c-a	内閣府	☆	27
	名目GDP https://vdata.nikkei.com/economicdashboard/macro/#c-a	内閣府	☆	29
	実質GDP https://vdata.nikkei.com/economicdashboard/macro/#c-a	内閣府	☆	29
	国内総生産(GDP)成長率 https://vdata.nikkei.com/economicdashboard/macro/#c-a	内閣府	☆	37
	国内総生産(GDP)成長率(米国) https://vdata.nikkei.com/economicdashboard/macro/#c-s	米商務省	☆	37
	国内総生産(GDP)成長率(欧州) https://www.jcif.or.jp/report/2024/ALL202407032652.html	ユーロスタット	国際金融情報センターHP	37
	国民総所得(GNI) https://www5.cao.go.jp/j-j/wp/wp-je09/09b09010.html	内閣府	内閣府HP	61
雇用関連	**完全失業率** https://vdata.nikkei.com/economicdashboard/macro/#c-i	総務省	☆	23
	実質賃金 https://www.mhlw.go.jp/toukei/list/30-1a.html	厚生労働省	厚生労働省HP	88, 110
	名目賃金 https://www.mhlw.go.jp/toukei/list/30-1a.html	厚生労働省	厚生労働省HP	110
	現金給与総額 https://vdata.nikkei.com/economicdashboard/macro/#c-i	厚生労働省	☆	109
	失業率(米国) https://vdata.nikkei.com/economicdashboard/macro/#c-s	米労働省	☆	19
	非農業部門雇用者数(米国) https://vdata.nikkei.com/economicdashboard/macro/#c-s	米労働省	☆	21
	失業率(欧州) https://www.jcif.or.jp/report/2024/ALL202407032652.html	ユーロスタット	国際金融情報センターHP	25

〈A〉経済・金融

3 貿易の知識 小峰・村田
7 外国為替の知識 国際通貨研究所
36 環境経済入門 三橋規宏
44 証券化の知識 大橋和彦
52 石油を読む 藤和彦
60 信託の仕組み 井上聡
73 デリバティブがわかる 可児・雪上
77 やさしい株式投資 日本経済新聞社
78 金融入門 日本経済新聞社
79 金利を読む 滝田洋一
80 医療・介護問題を読み解く 池上直己
81 経済を見る3つの目 伊藤元重
83 はじめての海外個人投資 廣重勝彦
84 はじめての投資信託 吉井崇裕
85 フィンテック 柏木亮二
86 はじめての確定拠出年金 田村正之
87 銀行激変を読み解く 廉了
89 シェアリングエコノミーまるわかり 野口功一
91 テクニカル分析がわかる 古城鶴也
92 ＥＳＧはやわかり 小平龍四郎
93 シン・日本経済入門 藤井彰夫
94 医療と介護3つのベクトル 池上直己
95 資源の世界地図 飛田雅則
96 アジアのビジネスモデル 新たな世界標準 村山宏
97 インパクト投資入門 須藤奈応
98 戦後日本経済史 日本経済新聞社
99 カーボンニュートラル 野村総合研究所
100 投資のきほん 日本経済新聞社
101 日本のエネルギーまるわかり 塙和也

〈B〉経営

33 人事管理入門 今野浩一郎
70 製品開発の知識 延岡健太郎
74 コンプライアンスの知識 髙巖
76 人材マネジメント入門 守島基博
95 メンタルヘルス入門 島悟
106 ブルー・オーシャン戦略を読む 安部義彦
107 パワーハラスメント 岡田・稲尾
110 ビッグデータ・ビジネス 鈴木良介
112 職場のメンタルヘルス入門 難波克行
113 組織を強くする人材活用戦略 太田肇
116 会社を強くする人材育成戦略 大久保幸夫
117 女性が活躍する会社 大久保・石原
118 新卒採用の実務 岡崎仁美
119 ＩＲの成功戦略 佐藤淑子
121 コーポレートガバナンス・コード 堀江貞之
122 ＩｏＴまるわかり 三菱総合研究所
123 成果を生む事業計画のつくり方 平井・淺羽
124 ＡＩ（人工知能）まるわかり 古明地・長谷
125 「働き方改革」まるわかり 北岡大介
126 ＬＧＢＴを知る 森永貴彦
127 Ｍ＆Ａがわかる 知野・岡田
128 「同一労働同一賃金」はやわかり 北岡大介
129 営業デジタル改革 角川淳
130 全社戦略がわかる 菅野寛
131 5Gビジネス 亀井卓也
132 ＳＤＧｓ入門 村上・渡辺
134 サブスクリプション経営 根岸・亀割
135 アンガーマネジメント 戸田久実
136 ＰＤＣＡマネジメント 稲田将人
137 リモート営業入門 水嶋玲以仁
138 Ｑ＆Ａいまさら聞けないテレワークの常識 武田・中島
139 ビジネス新・教養講座 テクノロジーの教科書 山本康正
140 日本企業のガバナンス改革 木ノ内敏久
141 ビジネス新・教養講座 企業経営の教科書 遠藤功
142 ジョブ型雇用はやわかり マーサージャパン
143 いまなら間に合う デジタルの常識 岡嶋裕史
144 ＫＰＩマネジメント 佐々木一寿

145 まるわかりChatGPT & 生成AI　野村総合研究所
146 量子コンピュータまるわかり　間瀬・身野

〈C〉会計・税務

1 財務諸表の見方　日本経済新聞社
4 会計学入門　桜井久勝
41 管理会計入門　加登豊
50 会社経理入門　佐藤裕一
51 企業結合会計の知識　関根愛子
54 内部統制の知識　町田祥弘
57 クイズで身につく会社の数字　田中靖浩
59 ビジネススクールで教える経営分析　太田康広
60 Q&A軽減税率はやわかり　日本経済新聞社

〈D〉法律・法務

2 ビジネス常識としての法律　堀・淵邊
6 取締役の法律知識　中島茂
11 不動産の法律知識　鎌野邦樹
26 個人情報保護法の知識　岡村久道
27 倒産法入門　田頭章一
30 金融商品取引法入門　黒沼悦郎
32 信託法入門　道垣内弘人
35 不動産登記法入門　山野目章夫
37 契約書の見方・つくり方　淵邊善彦
41 ビジネス法律力トレーニング　淵邊善彦
42 ベーシック会社法入門　宍戸善一
43 Q&A部下をもつ人のための労働法改正　浅井隆
44 フェア・ディスクロージャー・ルール　大崎貞和
45 はじめての著作権法　池村聡

〈E〉流通・マーケティング

44 競合店対策の実際　鈴木哲男
48 小売店長の常識　木下・竹山
52 消費者行動の知識　青木幸弘
54 物流がわかる　角井亮一
56 オムニチャネル戦略　角井亮一
57 ソーシャルメディア・マーケティング　水越康介
58 ロジスティクス4.0　小野塚征志
59 ブランディング　中村正道

〈F〉経済学・経営学

4 マクロ経済学入門　中谷巌
16 コーポレートファイナンス入門　砂川伸幸
22 経営管理　野中郁次郎
28 労働経済学入門　大竹文雄
30 経営組織　金井壽宏
33 経営学入門（上）　榊原清則
34 経営学入門（下）　榊原清則
38 はじめての経済学（上）　伊藤元重
39 はじめての経済学（下）　伊藤元重
40 組織デザイン　沼上幹
51 マーケティング　恩蔵直人
52 リーダーシップ入門　金井壽宏
55 ポーターを読む　西谷洋介
56 コトラーを読む　酒井光雄
59 日本の経営者　日本経済新聞社
61 行動経済学入門　多田洋介
62 仕事に役立つ経営学　日本経済新聞社
63 身近な疑問が解ける経済学　日本経済新聞社
65 マネジメントの名著を読む　日本経済新聞社
66 はじめての企業価値評価　砂川・笠原
67 リーダーシップの名著を読む　日本経済新聞社
68 戦略・マーケティングの名著を読む　日本経済新聞社
69 カリスマ経営者の名著を読む　高野研一
70 日本のマネジメントの名著を読む　日本経済新聞社
71 戦略的コーポレートファイナンス　中野誠
72 企業変革の名著を読む　日本経済新聞社
73 プロがすすめるベストセラー経営書　日本経済新聞社
74 ゼロからわかる日本経営史　橘川武郎

著者略歴

小宮 一慶（こみや・かずよし）

経営コンサルタント

株式会社小宮コンサルタンツ代表。十数社の非常勤取締役や監査役、顧問も務める。1957年、大阪府生まれ。81年に京都大学法学部卒業後、東京銀行（現・三菱UFJ銀行）入行。在職中の84年から2年間、米ダートマス大学タック経営大学院に留学、MBA取得。91年、岡本アソシエイツ取締役に転じ、国際コンサルティングにあたる。その間の93年初夏には、カンボジアPKOに国際選挙監視員として参加。94年からは、日本福祉サービス（現・セントケア・ホールディング）企画部長として在宅介護の問題に取り組む。96年に小宮コンサルタンツを設立し、現在に至る。2014年に名古屋大学経済学部客員教授に就任。

著書は、『プロがやっている　これだけ！会計＆会社分析』『小宮一慶の実践！マーケティング』『日経ビジネス人文庫　「一流」の仕事』（以上、日本経済新聞出版）など多数。

日経文庫

コンサルタントが毎日見ている

経済データ30

2024年 9月11日　1版1刷

2024年10月10日　　3刷

著者　小宮一慶

発行者　中川ヒロミ

発　行　株式会社日経BP
日本経済新聞出版

発　売　株式会社日経BPマーケティング
〒105-8308　東京都港区虎ノ門4-3-12

装幀　next door design

組版　マーリンクレイン

印刷・製本　三松堂

ISBN978-4-296-12024-6

Printed in Japan